ABC der Tiere 2
Arbeitsheft Lesebuch

Herausgegeben von

Klaus Kuhn

Bearbeitet von

Irene Fink, Rosmarie Handt, Katrin Herter, Klaus Kuhn, Kerstin Mrowka-Nienstedt, Edmund Wetter

Illustriert von

Ingrid Hecht

Name: ______________________________

Klasse: ______________________________

Mildenberger

Zum Lehrgang gehören

Materialien für Schülerinnen und Schüler	Bestell-Nr.
Lesebuch, 216 S., vierf., FeEbd	2402-90
Spracharbeitsheft Teil A und Teil B, je 96 S., Gh, 1 Kartonbeilage, CD-ROM Hexe Trixi Basic 2	2402-91
Arbeitsheft Lesebuch, 144 S., perf., Br	2402-92
CD-ROM zum Lehrgang, Homeversion, Einzellizenz	2402-94
Wortkarten, 320 DIN-A8-Karten, vierf., in 5-Fächer-Lernbox	2402-96
Materialien für Lehrerinnen und Lehrer	
Handbuch zum Lesebuch, methodisch-didaktische Kommentare, 392 S., 172 KV, Arbeitsblätter zur Differenzierung, Lösungen, Ringbuch	2402-70
Handbuch zum Spracharbeitsheft, methodisch-didaktische Kommentare, 896 S., 296 KV, differenzierende Arbeitsblätter, Lösungen, Ringbuch	2402-71
52 Folien zum Lesebuch und Spracharbeitsheft, Ringbuch	2402-75
Arbeitsblätter zur individuellen Förderung, 370 S., 294 Kopiervorlagen, Ringbuch	2402-77
23 Lieder und 11 Kontrastpaare, 3 Geräusche, gesungen und als Play-back, 2 CDs	2402-78
ABC der Tiere 1 und 2, Lernkontrollen als Word®- und PDF-Datei, Einzellizenz	1403-88
ABC der Tiere 1 und 2, Lernkontrollen als Word®- und PDF-Datei, Schullizenz	1403-89

Markieren die farbigen Silben die Worttrennung?

Die farbigen Silben zeigen die Sprech-Silben eines Wortes an. In den allermeisten Fällen ist das identisch mit der möglichen Worttrennung am Zeilenende. In erster Linie bei der Trennung einzelner Vokale (a, e, i, o, u; z. B. E-va, O-fen, Ra-di-o) gibt es einen Unterschied: Nach der aktuellen Rechtschreibung werden diese am Zeilenende nicht abgetrennt. Da diese Wörter aber mehrere Sprech-Silben haben, sind diese auch mit zwei Farben gekennzeichnet: Eva, Ofen, Radio, beobachten.

Impressum

Bestell-Nr. 2402-92 · ISBN 978-3-619-24292-4

Auflage 8 7 6 5
Jahr 2015 2014 2013 2012

www.mildenberger-verlag.de
E-Mail: info@mildenberger-verlag.de

Bezugsmöglichkeiten: Alle Titel des Mildenberger Verlags erhalten Sie unter: www.mildenberger-verlag.de oder im Buchhandel. Jede Buchhandlung kann alle Titel direkt über den Mildenberger Verlag beziehen. Ausnahmen kann es bei Titeln mit Lösungen geben: Hinweise hierzu finden Sie in unserem aktuellen Gesamtprogramm.

Illustration: Ingrid Hecht, 30163 Hannover
Symbole: Heike Treiber, 79199 Kirchzarten
Druck: Grafisches Centrum Cuno GmbH & Co. KG, 39240 Calbe
Gedruckt auf umweltfreundlichen Papieren

Quellenverzeichnis

Lisa-Marie Blum *Federball.* Aus: Federball. © G. Mohn

Irmela Brender *Ich bin ich.* Aus: Gedichte für Anfänger. © Rowohlt Verlag 1980
Kartengrüße aus den Ferien. Aus: War einmal ein Lama in Alabama. © Verlag Friedrich Oetinger 2001

Oskar Dreher *Der Wind vor dem Richter.* © Oskar Dreher

Josef Guggenmos *Verblühter Löwenzahn.* © Josef Guggenmos
Es las ein Bär. © Josef Guggenmos 1978

Heinz Kahlau *Der Löwenzahn.* Aus: Der Rittersporn blüht blau im Korn. © Kinderbuchverlag Berlin 1986

Rosemarie Neie *Meine Mutter.* Aus: Es war so lange Tag. Hrsg. Lieselott Musil. © Ludwig Auer Donauwörth 1971

e. o. plauen Aus: e. o. plauen „Vater und Sohn“ Gesamtausgabe Erich Ohser © Südverlag gmbH, Konstanz, 200C

Inhalt

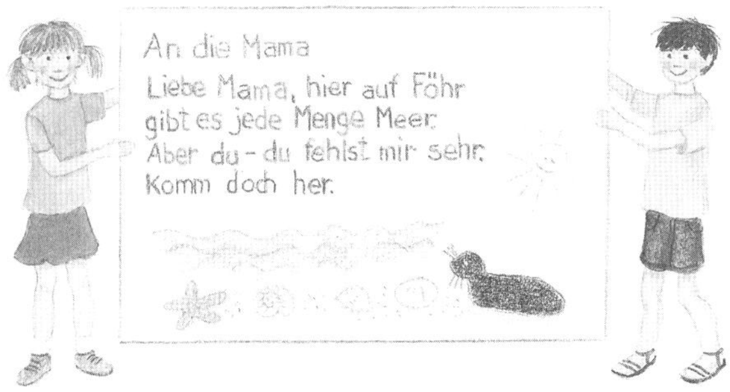
An die Mama
Liebe Mama, hier auf Föhr
gibt es jede Menge Meer.
Aber du - du fehlst mir sehr.
Komm doch her.

Inhalt

Die Welt um uns

Märchenhafte Welten

Kinder der Welt

Rund ums Buch

Inhalt

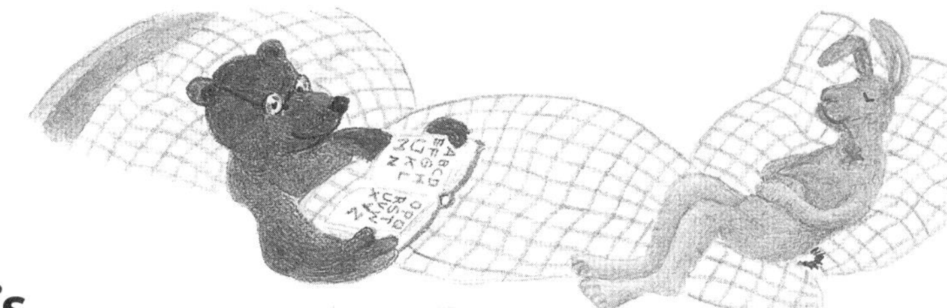

Gedichte und Feste im Jahreskreis

Kompetenzbereich „Lesen / Umgang mit Texten und Medien“

Bildungsstandards im Kompetenzbereich Lesen/Umgang mit Texten und Medien:
Die Schülerinnen und Schüler können

1. – einfache Fragen zum Text beantworten;
2. – in kurzen Texten gezielt Informationen finden;
3. – einfache Arbeitsanweisungen selbstständig lesen und befolgen;
4. – einen Text fortspinnen;
5. – Sachtexte gezielt nutzen;
6. – in handlungs- und produktionsorientierten Verfahren kreativ mit Texten umgehen und sie auf diese Weise durchdringen und verarbeiten.

Weitere Differenzierungen:
Die Schülerinnen und Schüler können

1. lebendige Vorstellungen zu Texten entwickeln;
2. Erzähltexte, lyrische und szenische Texte unterscheiden;
3. Kinderliteratur nennen: Werke, Autoren, Figuren, Handlungen;
4. sich in einer Bücherei orientieren;
5. sich eine erste Orientierung über einen Text verschaffen;
6. gezielt einzelne Informationen suchen;
7. Texte genau lesen;
8. bei Verständnisschwierigkeiten nachfragen und Wörter nachschlagen;
9. Texte mit eigenen Worten wiedergeben;
10. wichtige Aussagen eines Textes erfassen und wiedergeben;
11. Aussagen auf Textstellen beziehen;
12. zu Texten Stellung nehmen und mit anderen über Texte sprechen;
13. Sensibilität und Verständnis für Gedanken und Gefühle der Personen eines Textes entwickeln;
14. Texte zum Vorlesen vorbereiten und sinngestaltend vorlesen;
15. Gedichte und Dialoge auswendig vortragen;
16. ein Kinderbuch selbst auswählen und vorstellen.

Die Symbole bedeuten

 Schreibe in das Arbeitsheft Lesebuch.

 Schreibe in dein Heft.

 Klassengespräch

 Partner- oder Gruppenarbeit

1. Finde die vier Reimwörter zu Aufgabe 2 und schreibe sie auf die Linien.
   Tipp: Schau den Text unten für die Postkarte an.

Märchenfee

2. Schreibe den Text für die Postkarte. Setze die Reimwörter in die Lücken ein.

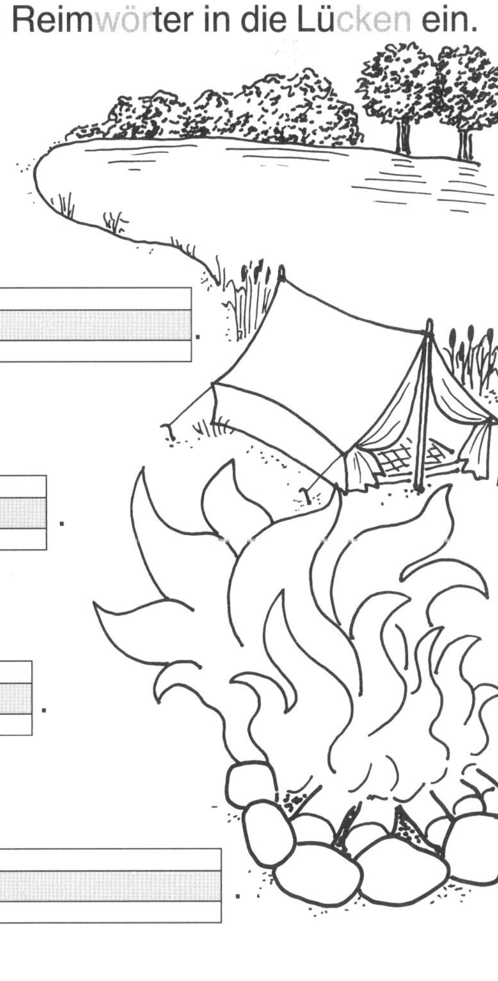

Liebe Mama,

hier im Lager in den Zelten,

sind wir immer nur ganz ________.

Lieber baden wir im See,

oder spielen ________.

Wir erleben Abenteuer,

abends gibt es ________.

Gabel gibt es nicht noch Messer,

und zu Hause schmeckt es ________.

Später schreibt Ole seine Erlebnisse in sein Tagebuch.
Dabei ist einiges durcheinandergeraten.

1. Schreibe die Ziffern 1 bis 5 in der richtigen Reihenfolge in die Kästchen vor den Satzstreifen.
Die Buchstaben am Ende ergeben ein Lösungswort.

☐	Ich denke an die kommenden Tage bei Oma und Opa. Wir werden viel zusammen unternehmen.	S
☐	Ich gehe mit meinen Eltern zum Bahnhof. Sie geben mir gute Ratschläge und Regeln mit auf den Weg.	E
☐	Der Schaffner gibt das Signal zur Abfahrt. Der Zug setzt sich in Bewegung. Mama und Papa winken auf dem Bahnsteig.	I
☐	Mama und Papa haben leider noch keine Ferien. Deshalb darf ich alleine mit dem Zug zu Opa und Oma fahren.	R
☐	Jetzt erst komme ich so richtig in Ferienstimmung. Gespannt beobachte ich die vorbeiziehende Landschaft.	E

Die Eltern wünschen Ole eine gute ________________.

2. Schreibe die Sätze in der richtigen Reihenfolge in dein Heft.
3. Wie fühlt sich Ole zu Beginn der Reise?
Lies noch einmal die Zeilen 14, 15, 32 und schreibe die Antwort in dein Heft.

4. Während der Zugfahrt denkt Ole an die Tage mit Opa und Oma. Wie fühlt er sich jetzt?
Lies noch einmal die Zeilen 36, 37, 38, 39 und schreibe die Antwort in dein Heft.
5. Was macht Ole bei Oma und Opa in den Ferien? Schreibe in dein Heft.

Das beste Fundstück

zu Seite 10 – 11

Beantworte die Fragen und trage die Lösungen ein.

Die Buchstaben in den grauen Feldern ergeben das Lösungswort.

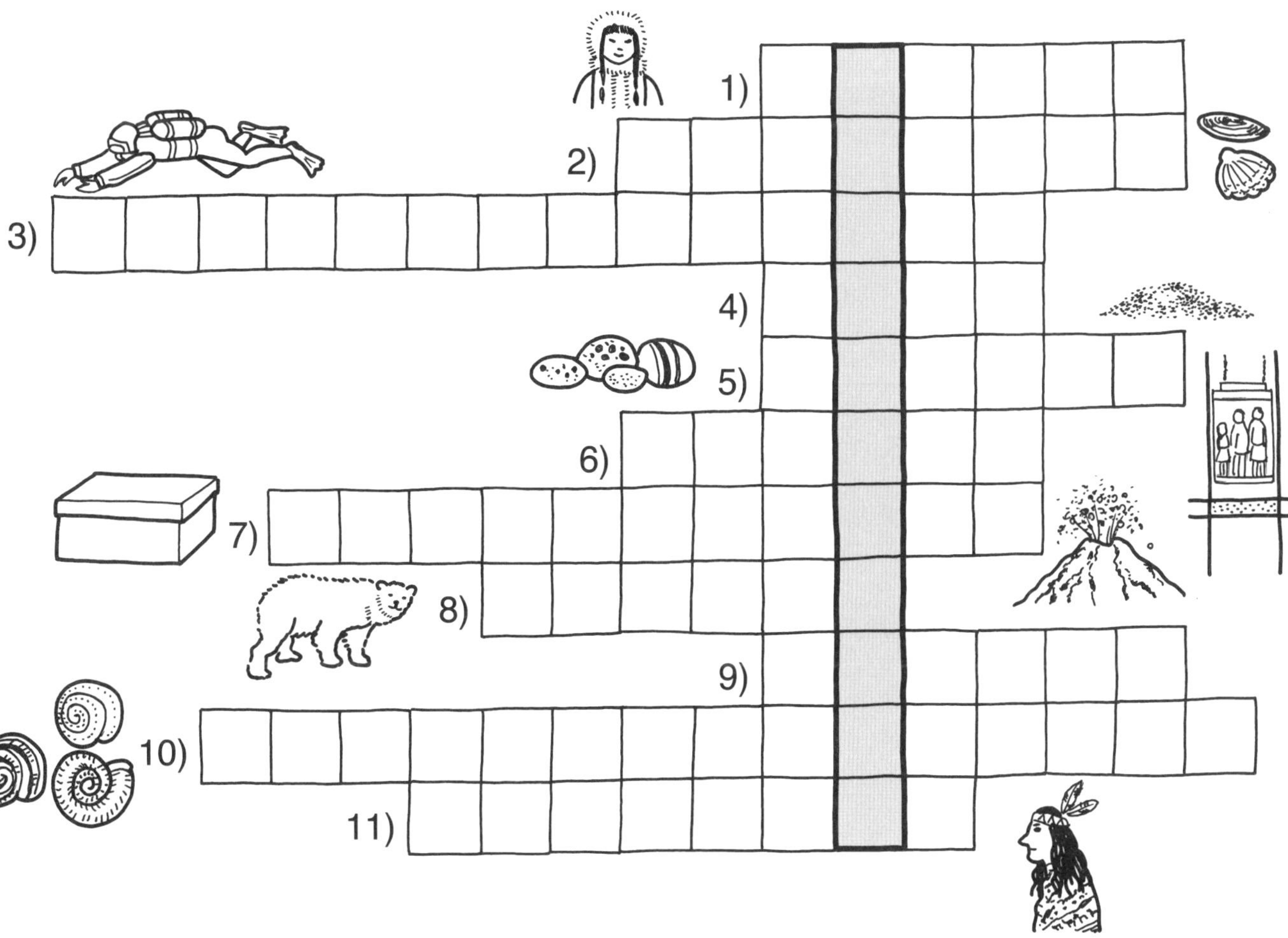

1) Wer lebt im Norden und wird auch Inuit genannt?
2) Was bewahrt Ben in seiner Keksdose auf?
3) Was will Ben werden?
4) Was bewahrt Ben im Marmeladenglas auf?
5) Was legt Ben in ein mit Wasser gefülltes Einmachglas?
6) Womit will Ben in den hundertsten Stock fahren?
7) Wo bewahrt Ben seine besonderen Fundstücke auf?
8) Welches große Raubtier lebt am Nordpol?
9) Wie heißt ein Feuer speiender Berg?
10) Was legt Ben in kleinen beschrifteten Schachteln ins Regal?
11) Wen hat Ben noch nie gesehen?

Piraten verstecken ihre Beute in einer

Ich bin ich – 1

zu Seite 12

1. Die Zeilen des Gedichts sind durcheinandergeraten. Schneide die Sätze vom Arbeitsblatt **Ich bin ich – 2** aus und klebe sie in der richtigen Reihenfolge unten auf.

2. In dem Gedicht geht es um Freunde. Welcher Satz gefällt dir besonders gut? Male ein  dahinter.

3. Trage das Gedicht abwechselnd mit deinem Partner vor. Schreibt vorne in die Kästchen die Anfangsbuchstaben eurer Namen. Die beiden letzten Sätze könnt ihr gemeinsam lesen.

Klebe hier die Sätze (Aufgabe 1)
der Reihe nach ein.

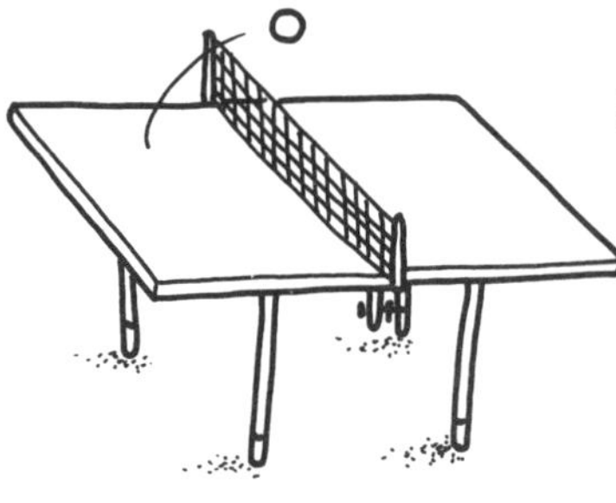

Irmela Brender

Im Rätselkasten sind zehn Wörter aus dem Gedicht versteckt.
Kreise sie ein.

r	m	a	c	h	e	n	p
m	a	c	s	e	w	m	o
s	l	b	f	f	i	j	n
t	l	f	m	i	r	s	g
i	e	j	e	i	c	h	m
l	i	l	d	f	d	u	m
l	n	d	b	o	m	s	a
z	u	s	a	m	m	e	n

Kärtchen zum Ausschneiden
für das Arbeitsblatt
Ich bin ich – 1

Wenn du fällst, helf ich dir auf,
und du fängst mich, wenn ich lauf.

Ich bin ich und du bist du.

Wenn du kickst, steh ich im Tor,
pfeif ich Angriff, schießt du vor.

Wenn ich rede, hörst du zu.

Wenn du sprichst, dann bin ich still,
weil ich dich verstehen will.

Allein kann keiner diese Sachen,
zusammen können wir viel machen.
Ich mit dir und du mit mir –
das sind wir.

Spielst du pong, dann spiel ich ping,
und du trommelst, wenn ich sing.

Schreibe die passenden Wörter in die Lücken.

verstehen, helf, sing, hörst, mir, ping, wir, dir, Tor, Angriff, Sachen

Ich bin ich und du bist du.

Wenn ich rede, ________ du zu.

Wenn du sprichst, dann bin ich still,

weil ich dich ________ will.

Wenn du fällst, ________ ich dir auf,

und du fängst mich, wenn ich lauf.

Wenn du kickst, steh ich im ________,

pfeif ich ________, schießt du vor.

Spielst du pong, dann spiel ich ________,

und du trommelst, wenn ich ________.

Allein kann keiner diese ________,

zusammen können wir viel machen.

Ich mit ________ und du mit ________ –

das sind ________.

Irmela Brender

1. Schreibe auf, was die Ameisen erforschen und über den Elefant sagen.

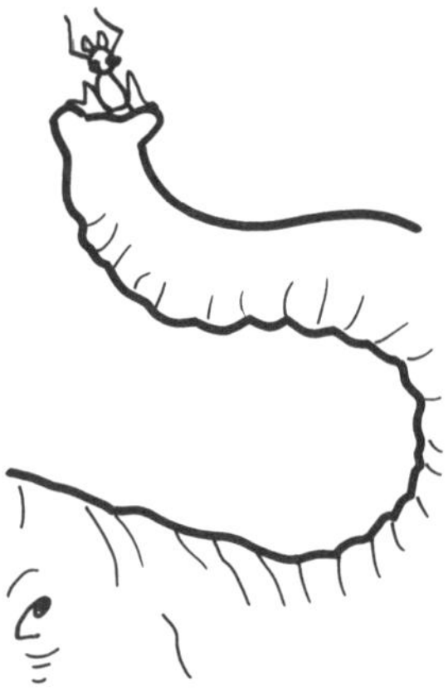

Die erste Ameise erforscht den ________________.

Sie sagt: ________________

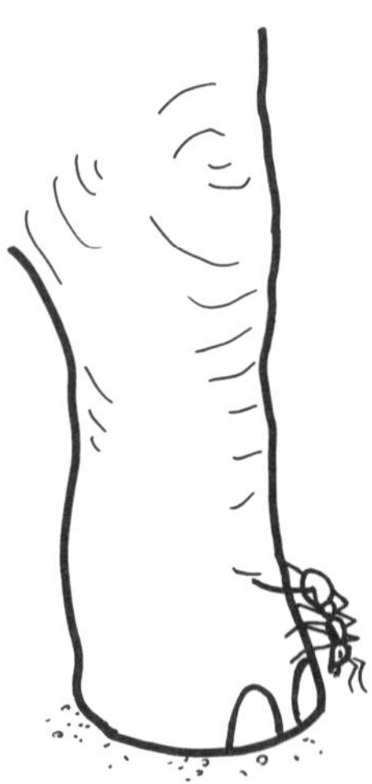

Die zweite Ameise erforscht ein ________________.

Sie sagt: ________________

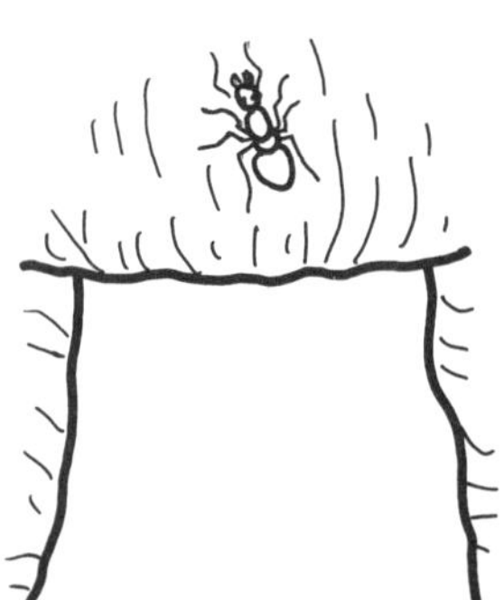

Die dritte Ameise erforscht den ________________.

Sie sagt: ________________

2. Keine Ameise hat recht. Welchen Fehler macht jede von ihnen?
Überlege mit deinem Partner und schreibe deine Antwort auf.

Drei Ameisen und der Elefant – 2

zu Seite 13

Bilderrätsel: Was ist das? – Aus Teilen wird ein Ganzes.

Schneide die Kärtchen aus und klebe sie oben in der richtigen Reihenfolge auf.

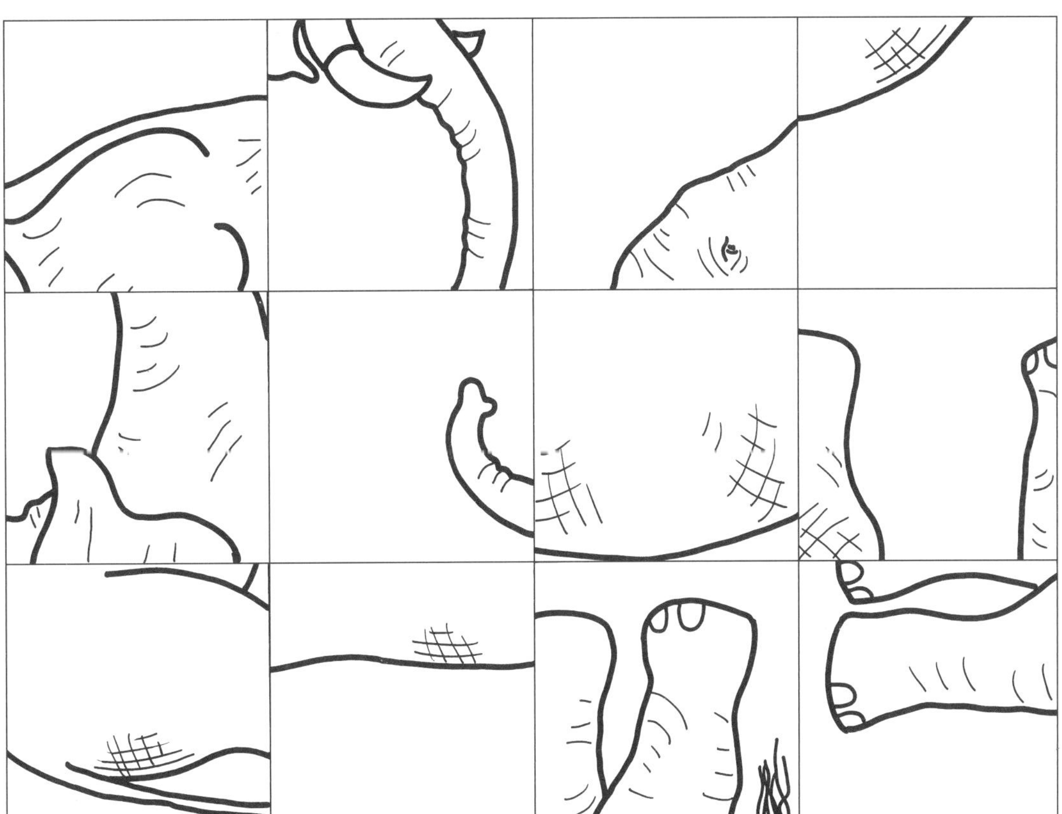

Wie könnten die Ameisen ihren Streit beenden?
Jede Ameise hat sich eine Lösung für den Streit ausgedacht.

1. Welchen Vorschlag findest du am besten? Male ein  dazu und sprecht in der Klasse darüber.

Die Ameisen sind mit dem zweiten Vorschlag einverstanden.
Nachdem sie die Höhle gesehen haben,
klettern alle drei an der Säule auf und ab.
Danach krabbeln sie um die Kugel.
Jetzt verstehen die Ameisen besser, was ein Elefant ist.

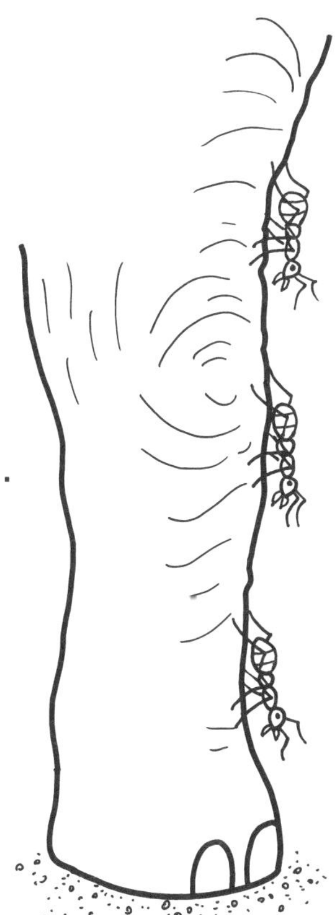

2. Schreibe die richtigen Wörter in die Lücken.

Die lange, gebogene Höhle ist der ______________.

Die schwebende Kugel ist der ______________.

Die riesigen Säulen sind die ______________.

Alle Teile gehören zum ______________.

Jetzt haben die drei Ameisen keinen Streit mehr wegen des Elefanten.

Aufgaben zur Überschrift – **vor** dem Lesen der Geschichte zu bearbeiten
„Meine Füße sind der Rollstuhl.“ Das sagt Margit.
Margit ist etwa so alt wie du. Welche Probleme hat sie?

1. Überlege mit deinem Partner.
2. Schreibe deine Antwort auf.

Hier ist ein Bild von Margit.
Mit dem Rollstuhl kann sie nicht hüpfen oder springen.
Sonst kann sie alles wie du und ich.

3. Suche das passende Wort auf dem Teppich und schreibe auf, was Margit kann.

Mit dem Kopf kann sie nicken.

Mit den Ohren kann sie

Mit den Augen kann sie

Mit dem Mund kann sie

Mit den Armen kann sie

Mit den Händen kann sie

4. Margit kann natürlich noch viel mehr. Was fällt dir ein?
Schreibe deine Antworten in dein Heft.

Meine Füße sind der Rollstuhl – 2 zu Seite 14 – 17

Aufgaben – **nach** dem Lesen der Geschichte zu bearbeiten

Lies die Geschichte „Meine Füße sind der Rollstuhl“.
Erinnerst du dich an den Anfang?

1. Schreibe auf, was Margit am Morgen macht.

Das macht ihr Mühe:

Das macht sie gerne:

2. Margit hat auf dem Weg zum Supermarkt einige Erlebnisse.
Wie fühlt sie sich dabei? Schreibe das passende Wort aus der Geschichte in die Lücken.

Das erlebt Margit auf dem Weg zum Supermarkt:	**So fühlt sich Margit dabei:**
Eine Mutter zieht ihr Kind weg und tuschelt.	Zeile 32 Margit ist traurig.
Margit kann nicht über die Gehsteigkante fahren.	Zeile 38 Margit hat
Sie hört, wie ein älteres Pärchen mitleidig über sie spricht.	Zeile 49 Margit ist
Sie will die Äpfel und die Milch gerade selbst aus dem Regal nehmen, da holt ein Verkäufer schon alles für sie.	Zeile 59 Margit ist

Nach all diesen Erlebnissen versteckt sich Margit zwischen den Regalen und weint. Es waren zu viele Enttäuschungen.

3. Verbinde die Sätze.

Margit kann antworten wie jedes andere Kind,

Margit kann allein durch den Park zum Supermarkt fahren,

Margit kann die Äpfel selbst aussuchen und aus dem Regal nehmen,

Margit kann nicht über den Bordstein fahren,

Margit war stolz, allein einkaufen zu gehen,

aber keiner sieht das und hilft, außer Sigi.

aber jemand nimmt einfach ein paar Äpfel und gibt sie ihr.

aber die Leute behandeln sie, als ob sie gar nichts könnte.

aber die ältere Frau hält sie für ein armes Ding.

aber die Mutter zieht das neugierige Mädchen weiter.

4. Hier sind drei traurige Gesichter: 
Zeichne sie neben die Erlebnisse, die du am schlimmsten findest.

5. Weshalb warst du schon einmal enttäuscht? Schreibe auf.

6. Schreibe die passenden Wörter in die Lücken:

Gehsteigkante, Regalen, verspottet, Spaß, Spielplatz, Freunde, erleichtert

Margit sieht Sigi zum ersten Mal auf dem ____________.

Er wird von ein paar Kindern ____________ und geht weg.

Sigi hilft später Margit über die ____________.

Sie ist ____________.

Zwischen den ____________ im Supermarkt weint Margit.

Da kommt Sigi und spricht mit ihr. Die Kinder werden ____________

und haben viel ____________ zusammen.

7. Wie fühlt sich Margit mit Sigi auf dem Heimweg vom Supermarkt? Suche das passende Wort in der angegebenen Zeile.

Sie ist nicht mehr traurig, sondern ____________ (Zeile 76).

Sie ist nicht mehr wütend, sondern ____________ (Zeile 78).

Sie ist nicht mehr hilflos und ängstlich, sondern hat ____________ (Zeile 81).

8. Zeichne ein lachendes Gesicht  neben das Gefühl, das du am besten findest.

9. Wann hattest du schon so ein Gefühl? Schreibe auf.

____

____

10. Was unternehmen Margit und Sigi noch zusammen? Schreibe in dein Heft.

Was geht dich diese Geschichte an?
Bekommt man mit einer Freundin oder einem Freund wirklich mehr Mut?

1. Schreibe auf, wann es dir so ergangen ist.

Sigi sagt zu Margit: „Wir haben etwas Besonderes an uns.“ (Zeile 72)
Manchmal hat jedes Kind „etwas Besonderes an sich“ und kann nicht richtig mitspielen oder wird verspottet. Überlege ein Beispiel.

2. Schreibe einige Wörter auf, damit du dich an dein Beispiel erinnern kannst, wenn ihr in der Klasse darüber sprecht.

Margit und Sigi sind nett und werden deine Freunde.
Was könnt ihr zusammen machen?
Denke daran, was Margit dabei mitmachen kann.

3. Schreibe deine Ideen auf.

– im Zimmer

– auf dem Schulhof

– am Nachmittag

Kai will nicht zum Kaufmann gehen. Er erfindet immer neue Ausreden.

1. Schreibe die richtigen Wörter in die Lücken.
2. Beantworte die Fragen in einem Satz.

Zeile 8 bis 11

Kai ist ein ______ auf einer kleinen Eisscholle.

Um ihn herum schwimmen ______.

Warum ist das gefährlich?

Das ist gefährlich, weil ______

______

Zeile 16 bis 19

Kai ist ein ______ auf einem Baum im Urwald.

Unter dem Baum spannen ______ ein Netz.

Warum ist das gefährlich?

Das ist gefährlich, weil ______

______

Zeile 24 bis 26

Als die Mutter wieder fragt, ist Kai eine ______.

Was macht Kai?

______

Was macht die Mutter?

______

Die Mutter wartet, bis Kai aus seinem Zimmer kommt. Er hat jetzt Hunger.

1. Schreibe die Antwort und die Fragen der Mutter an Kai auf.

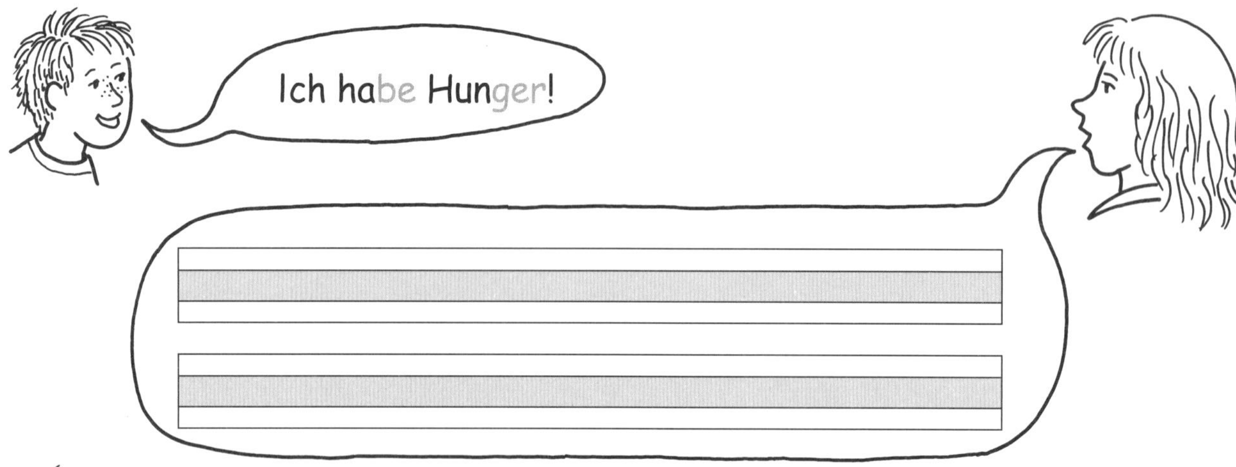

Da läuft Kai zum Kaufmann und kauft Nudeln und Schinken ein.

Wie findest du das Verhalten von Kai? Wie findest du die Reaktion der Mutter?

2. Sprecht in der Klasse darüber.

Die Geschichte vom Schmetterling — zu Seite 20 – 21

Aus dem Ei schlüpft die Raupe. Die Raupe verwandelt sich in ihrer Puppenhülle und schlüpft als neuer Schmetterling heraus.

1. Jetzt beginnt unsere Geschichte. Der neue Schmetterling sitzt auf der Mauer. Wie fühlt er sich?

   Lies die Zeilen 5, 10 und beantworte die Frage in einem Satz.

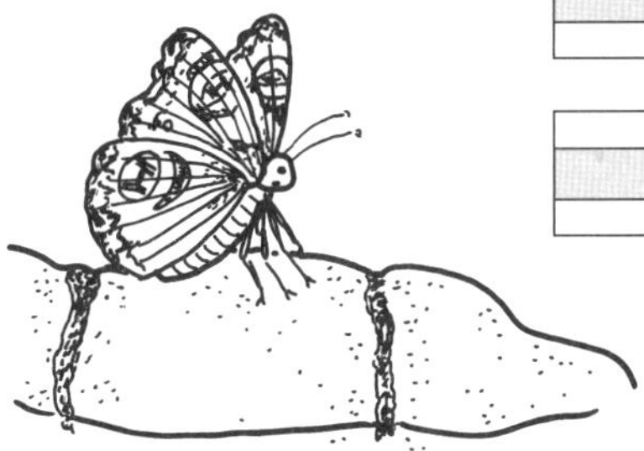

2. Wer summt um den Schmetterling herum?

   Schreibe die drei Insekten von Zeile 11, 12, 13 auf.

3. Die anderen Insekten machen dem Schmetterling Mut. Gelingt das?

   Lies ab Zeile 15 und antworte in einem Satz.

4. Da kommt der Wind und hebt den Schmetterling einfach in die Luft.

   Wie fühlt sich der Schmetterling jetzt?

   Lies ab Zeile 20 und beantworte die Frage mit zwei Sätzen.

Nina und das Gänseblümchen

Das Gänseblümchen stellt sich vor

Ich bin das Gänseblümchen.
Den Winter verbringe ich tief schlafend
in meinem Wurzelstock unter dem Schnee.
Schon im März wachsen meine olivgrünen Blätter in einer Rosette.
Aus ihrer Mitte strecke ich meine graugrünen Stängel
zehn Zentimeter in die Höhe.
Darauf trage ich stolz mein hübsches Blütenköpfchen.
Es ist in der Mitte gelb und wird von weißen Blättchen eingerahmt.
Wie alle sagen, bin ich ein sehr schönes Blümchen.
Ich wende mich immer der Sonne zu.
Nachts und bei schlechtem Wetter schließe ich meine Blüten.
Ich wachse in Wiesen und Parks und an vielen anderen Stellen.

1. Schreibe die Begriffe zur Abbildung.

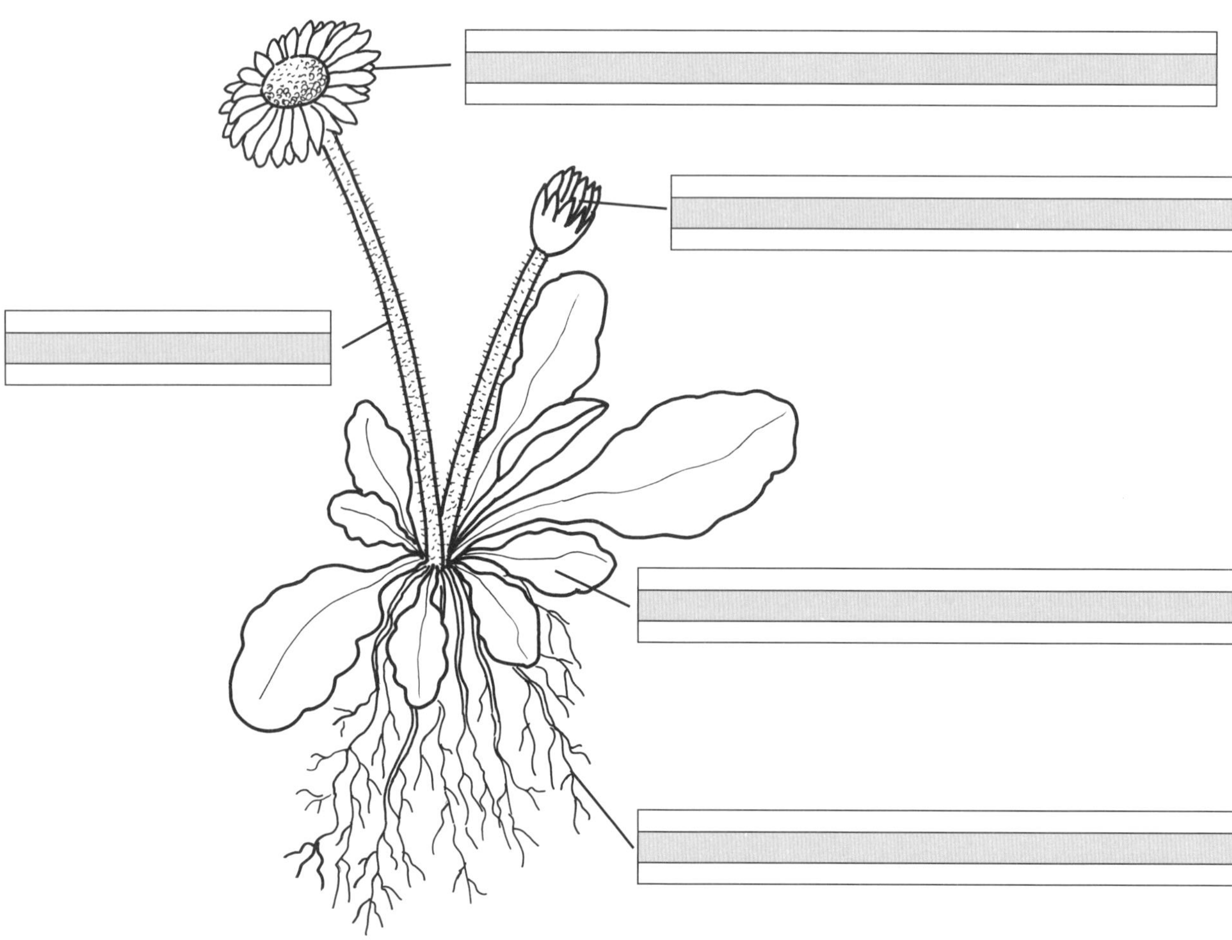

2. Male das Gänseblümchen farbig aus.

1. Verbinde das Wort mit der richtigen Erklärung.

Manege	Menschen, die eine Vorstellung besuchen
Zirkusdirektor	Menschen, die im Zirkus leben und Kunststücke zeigen
Artisten	Er leitet einen Zirkus.
Publikum	Er macht Späße.
Clown	Ein runder Platz für die Vorstellung im Zirkus

2. Ordne die Wörter den Bildern zu und trage sie ein.

(1)

(3)

(6)

(5)

(7)

3. Finde das Lösungswort.
Die Ziffern in den Klammern sagen dir, welchen Buchstaben des Wortes du in die Kästchen am Ende der Reihe schreiben musst.

4. Vervollständige den Satz mit dem Lösungswort.

Leo Mausini trat jeden ______________ auf.

Antworte in Sätzen.

1. Wie heißt der Zirkus, in dem Leo Mausini lange Zeit gelebt hat?

2. Womit machte Leo Mausini die unglaublichsten Späße?

3. Die Kinder mögen den Clown Leo Mausini und klatschen bei seinen Auftritten.
   Warum verabschiedet sich Leo Mausini?

4. Der Clown geht ein letztes Mal zwischen den Zirkuswagen hindurch.
   Beschreibe, wie sich Leo Mausini fühlt.

5. Macht sich Leo Mausini allein auf den Weg?

Die Glücksfee

zu Seite 26 – 29

1. Fülle die Sprechblasen aus. Lies noch einmal die angegebenen Zeilen.

   Wie beschreibt Tusnelda Lukas Besenbein? (Zeilen 11 und 12)

Pistazia fliegt mit Lukas hinaus und setzt ihn auf den Dachfirst.

Wie fühlt sich Lukas jetzt? (Zeilen 40, 41 und 42)

Nach einer Weile bugsiert Pistazia Lukas zurück in sein Zimmer.

Er zieht die Bettdecke bis unter die Nase und flüstert: (Zeile 50)

2. Was meinst du? Ist Lukas jetzt glücklich?

   Sprecht in der Klasse darüber.

Herr Hase und das schöne Geschenk

zu Seite 30 – 33

Beantworte die Fragen zum Text.

1. Warum sucht das kleine Mädchen Hilfe?

2. Welche Vorschläge macht Herr Hase dem Mädchen?
   Schreibe vier davon auf.

3. Warum findet das Mädchen einen Vogel als Geschenk nicht passend?

4. Was hat die Mutter gern?

Kreuze die richtige Antwort an.

Die Buchstaben vor der richtigen Antwort ergeben das Lösungswort.

Immer, wenn Franz aufgeregt ist, wird seine Stimme
- A ☐ heiser.
- C ☐ laut.
- S ☐ piepsig.

Franz stolperte im Bad und das Rechenheft
- o ☐ wurde schmutzig.
- ü ☐ riss ein.
- u ☐ wurde nass.

Auf den Seiten waren nur noch
- z ☐ gelbe und grüne Tintenwolken.
- p ☐ blaue und rote Tintenwolken.
- d ☐ schwarze und blaue Tintenwolken.

Franz piepste
- i ☐ erst, als er in die Schule kam.
- f ☐ gar nicht, denn das konnte ja einmal passieren.
- e ☐ schon bei dem Gedanken an die Rechenstunde.

Vaters Brief an den Lehrer
- w ☐ war nass, aber noch gut zu lesen.
- r ☐ war nass, die Schrift war eine blaue Wolke.
- k ☐ war zum Glück ganz trocken geblieben.

Franz wollte alles erklären, aber es ging nicht.

Am nächsten Tag
- m ☐ fing Franz gleich wieder an zu piepsen.
- a ☐ entschuldigte er sich auf dem Kassettenrekorder.
- ä ☐ war der Kassettenrekorder kaputt.

Gabis Idee
- t ☐ fanden alle prima und witzig.
- s ☐ fanden alle langweilig.
- x ☐ war dieses Mal nicht so gut.

Gabis Rat war ein ☐☐☐☐☐-R☐☐.

Franz schreibt sein Erlebnis an seine Oma.
Es sind Wasserspritzer auf dem Brief.
Schreibe die fehlenden Silben in die Lücken.

Liebe Oma,

heute hatte ich einen sehr schö______ Tag in der Schule. Das kam so:

Du weißt ja, dass meine Stim______ immer ______siger wird,

wenn ich aufgeregt bin. Und ges______ war ich sehr, sehr

aufge______. Ich rutsch______ im Bad aus und mein

Re______ wurde nass. Al______, was der Lehrer oder

ich ge______ben hatten, verwandelte sich zu Tinten______.

Etwa so: 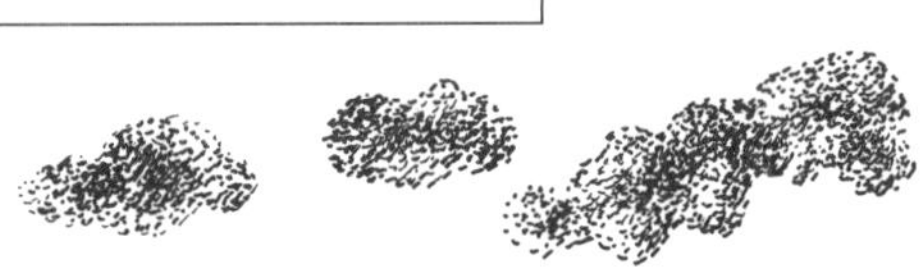. In der Schu______ wollte ich

dem Lehrer al______ erklären, aber ich piepste nur.

Am Nachmit______ ging ich zu Gabi. Das ist meine ______din.

Gabi sagte: „Wenn du in der Schu______ nicht sprechen kannst, musst du

zu Hause spre______. Also hole deinen Kassettenre______

und sprich deine Entschuldi______ auf eine Kassette.“

Heute Morgen habe ich die Kas______te abgespielt. Dabei machte ich

den Mund ______ und ______ und ______ und ______.

Das fanden alle lustig. Der Lehrer gab mir ein neues Re______.

Das war ein sehr, sehr schöner Tag.
Viele Grüße, dein Franz

1. In den Streifen steht, was Klara sagt. Schneide die Streifen aus und klebe sie in der richtigen Reihenfolge auf das Arbeitsblatt **Die Torte – 2**.

Ich will sehen, ob sie noch da ist. Vielleicht hat sie jemand geklaut.

Siehst du, die Torte war schlecht!

Sahnetorten werden am schnellsten in der Mitte schlecht.

Vielleicht ist sie schlecht. Dann werden sich die Tanten vergiften.

Ich probiere die linke Seite und du die rechte Seite.

In der Küche gibt es eine Torte.

2. Schneide die Torte aus und klebe sie in das richtige Bild auf dem Arbeitsblatt **Die Torte – 2**.

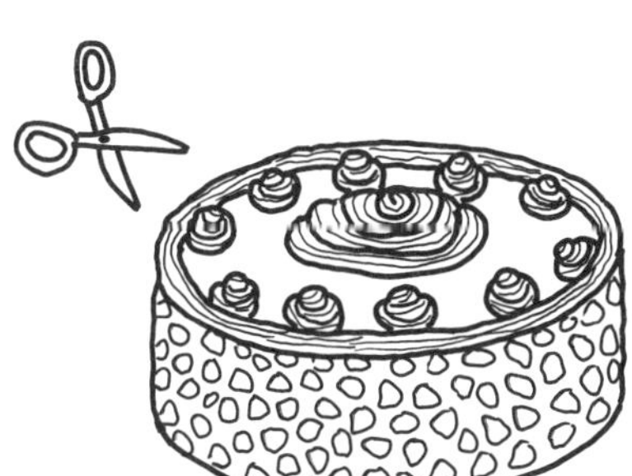

In welches Bild passt die Torte vom Arbeitsblatt **Die Torte – 1**?

Klara sagt:

Bildergeschichte von e. o. plauen
© Südverlag

Was macht der Vater?

Schreibe die passenden Nomen in die Lücken (manche kommen öfter vor).

Schild, Boden, Tisch, Vater, Loch, Decke, Tortenschachtel

Der ________ baut einen ________ mit einem

________ darin. Er trennt den ________ aus der

________ .

Dann legt er eine ________ auf den ________ und

schneidet ein ________ hinein.

Die ________ stülpt er darüber.

Zum Schluss stellt er das ________ **NICHT NASCHEN** auf

und versteckt sich unter dem ________ .

Das macht der Sohn.

Schreibe die passenden Verben in der richtigen Form in die Lücken.

sagen, stehen, heben, versprechen, sehen,
laufen, lächeln, tauchen, denken, erschrecken

Als der Sohn von der Schule nach Hause kommt, ________ er auf dem Tisch eine riesengroße Tortenschachtel.

„Au fein“, denkt er, „da drin ist eine leckere Torte!“

Dem Sohn ________ das Wasser im Mund zusammen.

Aber an der Schachtel ________ das Schild **NICHT NASCHEN**.

Der Sohn ________ : „Der Vater wird sicher nichts merken.“

Er ________ den Deckel und ________ .

Da ist keine Torte! Der Kopf des Vaters ________ auf.

„Nicht naschen!“, ________ der Vater mit erhobenem Zeigefinger.

Der Junge ist froh, dass sein Vater dabei ________ .

Der Sohn ________ , nie wieder heimlich zu naschen.

Mio besucht im Traum viele Länder.
Schreibe die Namen an der richtigen Stelle in die Weltkarte.

Nordamerika Australien
Europa Grönland Orient

Das wundersame Baumhaus – 1

zu Seite 42 – 45

Opa, Vater und Mio reparieren das Baumhaus.

Ordne die Sätze den Bildern zu. Schreibe neben jedes Bild die passenden Sätze.

- Dann bessert Vater das undichte Dach aus.
  Der Regen kommt sonst hinein.
- Schließlich reichen Opa und Mio die Bretter hinauf.
  Vater nagelt die Bretter fest.
- Zuerst bastelt Vater eine stabile Strickleiter.
- Opa sägt neue Bretter auf das richtige Maß.
  Mio hält die Bretter fest.

Wie erlebt Mio die Natur?

Schau in deinem Lesebuch auf Seite 44 und 45 nach.

Schreibe die passenden Verben in der richtigen Form in die Lücken.
Schreibe jedes Wort nur einmal.

hören, riechen, lauschen, beobachten, spüren, bewundern

Wenn der Wind durch die Zweige fegt, ____ Mio, wie sein Baumhaus sanft hin und her schaukelt.

Er ____ , wie die Regentropfen auf das Dach trommeln.

Aufmerksam ____ er den Vogelstimmen.

Im Frühling ____ er den süßen Duft der Lindenblüten.

Mio ____ die Bienen und Hummeln.

Manchmal ____ er auch ein Eichhörnchen, das in weiten Sprüngen von Ast zu Ast zu fliegen scheint.

Schreibe zu jedem Abschnitt die passende Überschrift.
Die Überschriften sind in den Blättern versteckt!

GefangennahmederTierdiebeEntführungdeszahmenKoalas
ZuGastbeimParkdirektorWanderungdurchdenEukalyptuswald

Mio wandert mit seinem Kuscheltier Koa in Australien durch den Eukalyptuswald. Sie wollen Koalas beobachten. Aber Koalas schlafen am Tage.

Im Wald treffen sie die Jungen Paul und Ben.
Die Brüder laden Mio und Koa zu sich nach Hause ein.
Ihr Vater ist der Parkdirektor. Paul und Ben haben einen zahmen Koala bei sich. Er heißt Arthur.

Tierdiebe haben den zahmen Koala Arthur entführt.
Der Parkdirektor und seine Männer verfolgen die Diebe.
Die Kinder dürfen ihn begleiten.

Koa versteht die Sprache der Tiere. Ein Känguru erzählt ihm, wohin die Diebe gelaufen sind. So können die Diebe bald gefunden und gefesselt werden. Der Koala wird befreit.

Teste dein Wissen

Was ist richtig? – Was ist falsch?

Kreuze in der Tabelle an.

	richtig	falsch
1) Koalas schlafen am Tage.		
2) Koalas sind in der Nacht munter. Dann spielen und fressen sie.		
3) Koalas ernähren sich von kleinen Tieren, die sie in der Nacht jagen.		
4) Koalas fressen die Blätter von allen Laubbäumen.		
5) Koalas fressen nur die Blätter von Eukalyptusbäumen. Deshalb leben sie in den Eukalyptuswäldern Australiens.		
6) Koalas trinken viel Wasser, weil sie immer Durst haben.		
7) Koalas bekommen die notwendige Flüssigkeit fast nur aus den Blättern des Eukalyptusbaumes.		
8) Ein Koala trinkt nur, wenn er krank ist oder die Blätter zu trocken sind.		
9) Ein Koala trinkt nur, wenn er vom Spielen und Fressen durstig geworden ist.		
10) Koalas leben in allen Ländern auf unserer Erde.		
11) Koalas gehören zu den bedrohten Tierarten und werden deshalb geschützt.		
12) Tierdiebe versuchen immer wieder, Koalas aus Australien zu entführen. Sie wollen die Koalas in anderen Ländern verkaufen, weil sie viel Geld dafür bekommen.		

Es gibt sieben richtige und fünf falsche Sätze.

Schreibe zu jedem Abschnitt die passende Überschrift.
Die Überschriften sind in den Bohnenranken versteckt!

Mio sitzt mit dem Indianerjungen auf einem Hügel und schaut auf ein Indianerdorf hinab. Dort stehen Tipis im Halbkreis.

Großmutter macht die Kinder auf die Präriekraniche aufmerksam. Sie erklärt: „Wenn die Kraniche schreien, ändert sich das Wetter.“

Großmutter will Erdbohnen sammeln. Sie erzählt: „Die Wiesenmäuse schaffen die dicken Erdbohnen als Wintervorrat in ihren Bau. Die Bohnen wachsen unter der Erde. Sie sind im dichten Präriegras schwer zu finden.“

Großmutter sammelt mit den Kindern Blätter der Salbeipflanzen. Die Salbeiblätter helfen bei Halsweh. Die Kinder sollen bei jeder Pflanze nur wenige Blätter abpflücken, damit die Pflanze nicht sterben muss.

Die Prärieindianer schützen die Natur.

Beantworte die folgenden Fragen immer in ganzen Sätzen.

1. Wozu braucht Großmutter die Erdbohnen?

2. Wo findet Großmutter die Erdbohnen?

3. Wozu braucht Großmutter die Blätter der Salbeipflanze?

4. Warum sollen die Kinder nicht alle Blätter der Salbeipflanze abpflücken?

Schreibe zu jedem Abschnitt die passende Überschrift.
Die Überschriften sind zwischen den Fischen versteckt!

EinLadungzumEssenDasBuchüberEskimosDasIgluFernseher
undComputerbeidenEskimosDieAnkunftimDorfe

Es wird Winter. Mio sitzt in seinem Baumhaus. Er betrachtet in einem Buch das Bild eines Eskimomädchens.

Das Eskimomädchen bringt Mio mit Koa auf einem Hundeschlitten in ein kleines Dorf. Es besteht aus vielen bunten Häusern.

Mio wird von Miyats Eltern zum Essen eingeladen. Es gibt Fisch mit Reis. Mio vermisst das Gemüse.

Wenn die Eskimos viele Wochen auf der Jagd oder auf Fischfang sind, bauen sie sich ein Iglu.

Die Eskimos haben einen Fernseher und einen Computer. Über das Internet werden die Kinder unterrichtet. Miyat möchte einmal einen heißen Sommer erleben.

1. Im Rätselkasten sind waagerecht neun Wörter versteckt.
Kreise sie ein.

Y	J	N	K	A	J	A	K	T
B	P	H	U	S	K	Y	M	H
Q	Q	G	F	E	L	L	E	H
I	G	L	U	V	O	B	S	T
V	P	Z	X	F	S	Z	G	N
C	G	E	M	Ü	S	E	Z	R
A	G	R	Ö	N	L	A	N	D
O	C	C	F	I	S	C	H	U
H	B	H	I	N	U	I	T	J

2. Trage die Wörter aus dem Rätselkasten
bei den Wortbedeutungen an der richtigen Stelle ein.

Die Wörter bedeuten:

1) Land, das mit Eis und Schnee bedeckt ist:

2) Das können die Eskimos nicht anbauen:

3) Das brauchen die Eskimos für ihre Kleidung:

4) Name für das Boot der Eskimos:

5) Davon essen die Eskimos sehr viel:

6) Schlittenhund der Eskimos:

7) So nennen sich die Eskimos auf Grönland:

8) Das können die Eskimos nicht von Bäumen ernten:

9) Haus, das sich die Eskimos aus Eis und Schnee bauen:

Wieder einmal liest Mio in seinem Baumhaus eine spannende Geschichte.

1. Lies die Geschichte und überlege, wie sie weitergehen könnte.

Die Ferien gehen zu Ende.
Mio will vor dem Schlafengehen noch eine Stunde im Baumhaus lesen.
Vater ist einverstanden: „Morgen ist noch keine Schule, aber nimm die Taschenlampe mit."
Mio liest die Geschichte von Aladin, wie er den bösen Zauberer besiegte und mit der wunderbaren Lampe zu seinem Glück fand.
Mio wird schon ein wenig müde.

Plötzlich sitzt er auf der Terrasse eines prächtigen Palastes.
Der junge Sultan Aladin spricht freundlich:
„Allen meinen Gästen erfülle ich einen Wunsch. Was wünschst du dir?"
Koa flüstert Mio zu: „Die Lampe, wünsch dir für einen Tag die Lampe."
Mio findet diese Idee toll und sagt zu Aladin:
„Ich möchte einen Tag die Wunderlampe ausprobieren."
Aladin kann seinem Gast diese Bitte nicht abschlagen.
Früh am Morgen steht Mio auf. Er ist ein bisschen aufgeregt.
„Du musst die Lampe reiben", rät Koa.
Auf einmal …

2. Schreibe deine Geschichte auf.

Schreibe zu jedem Abschnitt die passende Überschrift.
Die Überschriften sind zwischen den Muscheln versteckt!

SpannungvordemSchlafenDieÜberfahrtzurInselAnkunft
amBahnhofDerersteAbendamStrandEndlichamFerienort

Die drei Brüder Jörg, Hans und Felix kommen mit dem Zug am Bahnhof an.

Mit der Fähre fahren sie zur Insel Norderney. Es ist sehr neblig. Ein Schiff fährt vorbei, es sieht aus wie ein Gespensterschiff.

Oma wartet schon vor dem Haus bei den Dünen. Sie umarmt die Jungen und freut sich, dass sie gut angekommen sind.

Die Jungen machen einen Wettlauf zum Meer. Jörg ist enttäuscht, dass er als Letzter ankommt. Alle sitzen am Strand beim Sonnenuntergang.

Jetzt sind die Jungen müde, aber sie können nicht gleich einschlafen. Felix möchte wissen, wer dieser Kapitän Kralle ist.

Fast alle sprechen über Kapitän Kralle. Wer sagt was?

1. Schreibe die richtigen Namen in die Lücken.

Der ____________ sagt: „Lasst euch nicht vom Kapitän Kralle fangen.“ (Zeile 6)

____________ sagt: „Kapitän Kralle sucht nach einem Schiffsjungen.“ (Zeile 30)

____________ fragt: „Woher kennst du die Geschichte vom Kapitän Kralle?“ (Zeile 39)

____________ sagt: „Hoffentlich ist euch nicht Kapitän Kralle begegnet.“ (Zeile 61)

____________ fragt: „Wir rennen zurück, oder will einer von Kapitän Kralle gekrallt werden?“ (Zeilen 90, 91)

2. Vervollständige den Satz.

Kapitän Kralle war ein ☐ ☐ ☐ ☐ ☐ .

16 9 18 1 20

Das Alphabet enthält 26 Buchstaben.
Die Zahlen stehen für die Buchstaben. Trage für jede Zahl den entsprechenden Buchstaben ein.

A B C D E F G H I J K L M N O P Q R S T U V W X Y Z

1. Wer sind Jörg, Hans und Felix? Schreibe den Namen unter das passende Bild.
2. Was weißt du über die Jungen? Verbinde die passenden Aussagen mit dem Bild. Wähle für jeden Jungen eine andere Farbe.

- ist acht Jahre alt.
- ist neun Jahre alt.
- ist elf Jahre alt.
- fühlt sich erwachsen.
- ist am sportlichsten.
- will mutig sein.
- macht sich gern über seine Brüder lustig.
- rennt gern um die Wette.
- liest gern Seeräubergeschichten.

3. Jörg kommt beim Wettrennen am Strand als Letzter an und ist deshalb ein wenig beleidigt.

   Zu welcher Aussage über ihn passt dieses Verhalten?
   Kreuze sie an.

Kreuze an.
Aus den Buchstaben bei den richtigen Aussagen ergibt sich ein Lösungswort.
Trage es in den Lösungssatz unten ein.

	Aussage	richtig	falsch
(R)	1) Kapitän Kralle war ein gemeiner Seeräuber.		
(ä)	2) Er löschte das Licht im Leuchtturm und entzündete an einer anderen Stelle am Strand ein neues Feuer.		
(t)	3) Dadurch gab es für die Schiffe mehr Licht und sie konnten zum Hafen segeln. 		
(u)	4) Die Piraten raubten alles, was sie finden konnten.		
(m)	5) In einer Sommernacht warteten die Piraten geduldig auf ein Handelsschiff. 		
(e)	6) Sie raubten diesmal nichts, weil sie noch genug Vorräte hatten. 		
(b)	7) Der Piratenkapitän entdeckte den Schiffsjungen hinter einer Goldkiste. 		
(e)	8) Der Schiffsjunge wehrte sich.		
(n)	9) Der Piratenkapitän wurde Kapitän Kralle genannt, weil seine langen Fingernägel wie echte Krallen aussahen. 		
(r)	10) Man erzählt sich, dass Kapitän Kralle im Nebel mit seinem Geisterschiff erscheint und einen Schiffsjungen sucht.		

Es sind 6 richtige und 4 falsche Sätze.

Lösungssatz: Alle Piraten waren gemeine ☐☐☐☐☐☐ .

Schreibe die passenden Wörter zu den Abbildungen in die Lücken.

Die Wattwanderung

Die Jungen ziehen  ________ und

 ________ an.

Sie nehmen eine  ________

für die  ________ mit.

Felix bleibt mit seinem Stiefel im Schlick stecken

und muss  ________ laufen.

„Das ist gesund“, lacht  ________.

Es wird immer nebliger, die  ________ verschwindet.

Alle halten sich an der  ________, die der

 ________ mitgebracht hat.

Der Nebel wird so dicht, dass man kaum die  ________ vor

den  ________ sieht.

Die Wattwanderung
- Fortsetzung -

Jörg will  erschrecken und lässt die

 los.

Plötzlich bleibt er im Schlick stecken.

Wo sind die anderen?

Der  hat sie verschluckt.

 ist allein und hat große Angst.

Eine dunkle Gestalt nähert sich.

Das ist  !

Jörg schreit um Hilfe.

Nein, es ist nicht Kapitän Kralle, es ist  .

Kleinlaut kommt  mit Opa zurück.

Er will keine Streiche mehr spielen, denn er weiß:

Es ist schrecklich, wenn man Angst hat.

Beantworte die Fragen zur Geschichte in Sätzen.

1. Wo lernen Tina und Alex die Labradorhündin Nette kennen?

2. Was spielen die Kinder nach dem Reiten mit Nette?

3. Was sagt Papa, als sich Tina und Alex einen Hund wünschen?

Ein Welpe kommt ins Haus – 2 zu Seite 79 – 84

Beantworte die Fragen zur Geschichte in Sätzen.

4. Wie alt sind die Welpen bei dem ersten Besuch? Wie sucht Familie Schuster ihren Welpen aus?

5. Warum soll der Name für den Welpen mit einem B beginnen?

6. Tina befürchtet, dass Bella ihre Wurfgeschwister vermisst. Wie beruhigt Alex seine Schwester?

7. Welche Abenteuer erlebt Familie Schuster mit Bella? Schreibe in dein Heft.

1. Kennst du diese Hunderassen? Male sie farbig aus.
2. Schreibe die Rassenamen darunter. Die Silben in den Pfoten helfen dir dabei.
   Die Buchstaben in den ☐ ergeben einen Namen aus der Geschichte.

__ __ __ ☐ __ __ __ __ __ __
1

__ ☐ __ __ __ __
2

__ __ __ ☐ __ __ __ __
3

__ __ __ __ ☐ __
4

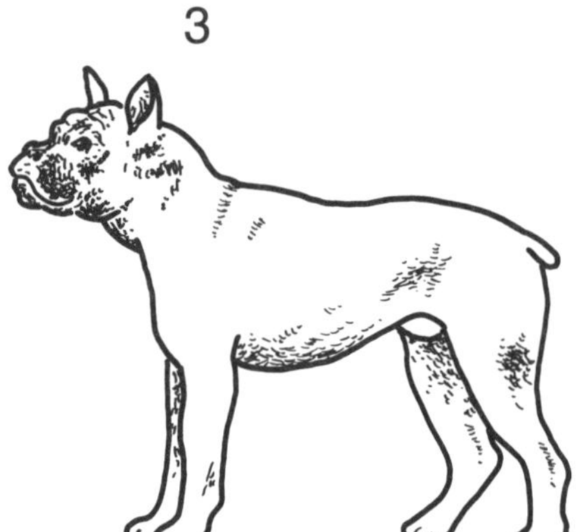

__ ☐ __ __ __
5

__ __ __ __ __ __ __ __ __ __ ☐ __
6

Die Reitlehrerin heißt ☐ ☐ ☐ ☐ ☐ ☐ .
1 2 3 4 5 6

Wissenswertes über den Kuckuck

Aussehen

Der Kuckuck ist etwa so groß wie eine Taube. Der lange Schwanz ist weiß gefleckt. Auf der weißen Bauchseite trägt er ein graues Streifenmuster. An Kopf, Rücken und Flügel ist sein Federkleid grau. Weibchen sind oft bräunlich gefärbt. Seine Füße, der Schnabel und Ringe um die Augen sind gelb.

Wanderung

Der Kuckuck ist ein Zugvogel. Um sein Winterquartier in Afrika zu erreichen, legt er ungefähr 10 000 Kilometer zurück. Als Insektenfresser findet er dort Schmetterlingsraupen, Heuschrecken, Käfer und Libellen.

Fortpflanzung

Der Kuckuck baut kein Nest. Das Weibchen legt zwischen 10 und 20 Eier in verschiedene Nester von Wirtsvögeln. Diese brüten das Ei aus und füttern den Jungvogel. Da der Kuckuck viel größer als seine Pflegeeltern wird, wirft er seine Stiefgeschwister aus dem Nest. Das ist ein angeborenes Verhalten. Nach etwa 20 Tagen ist der Jungvogel flügge und verlässt das Nest.

Teste dein Wissen.

1. Kreuze jeweils die richtige Lösung an.
Aus den Buchstaben vor den richtigen Aussagen ergibt sich das Lösungswort.

Der Kuckuck ist so groß wie ...
- F ☐ eine Amsel.
- L ☐ ein Rabe.
- K ☐ eine Taube.

Auf der weißen Bauchseite hat er ...
- R ☐ braune Punkte.
- E ☐ gelbe Streifen.
- U ☐ graue Querstreifen.

Die Kuckucksweibchen sind oft ...
- H ☐ grünlich gefärbt.
- C ☐ bräunlich gefärbt.
- K ☐ rötlich gefärbt.

Im Winter zieht der Kuckuck nach ...
- F ☐ Asien.
- K ☐ Afrika.
- S ☐ Amerika.

Seine Flugstrecke beträgt ...
- I ☐ 100 Kilometer.
- L ☐ 1 000 Kilometer.
- U ☐ 10 000 Kilometer.

Seine Nahrung besteht aus ...
- F ☐ Samen.
- C ☐ Insekten.
- K ☐ Beeren.

Das Weibchen legt bis zu ...
- T ☐ 10
- K ☐ 20
- B ☐ 30

Eier in verschiedene Nester.

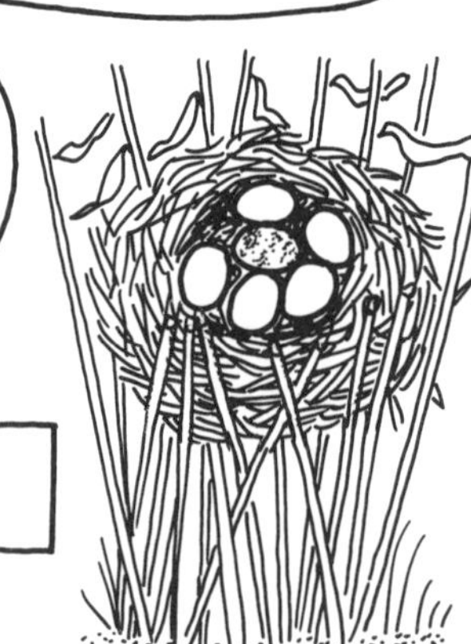

Das Lösungswort lautet: ☐☐☐☐☐☐☐

2. Schreibe die Sätze in dein Heft.

Beantworte die Fragen und trage die Lösungen ein.

Finde den Namen der Pony-Rasse, die Kinder besonders gern reiten.

In der senkrechten Spalte steht das Lösungswort.

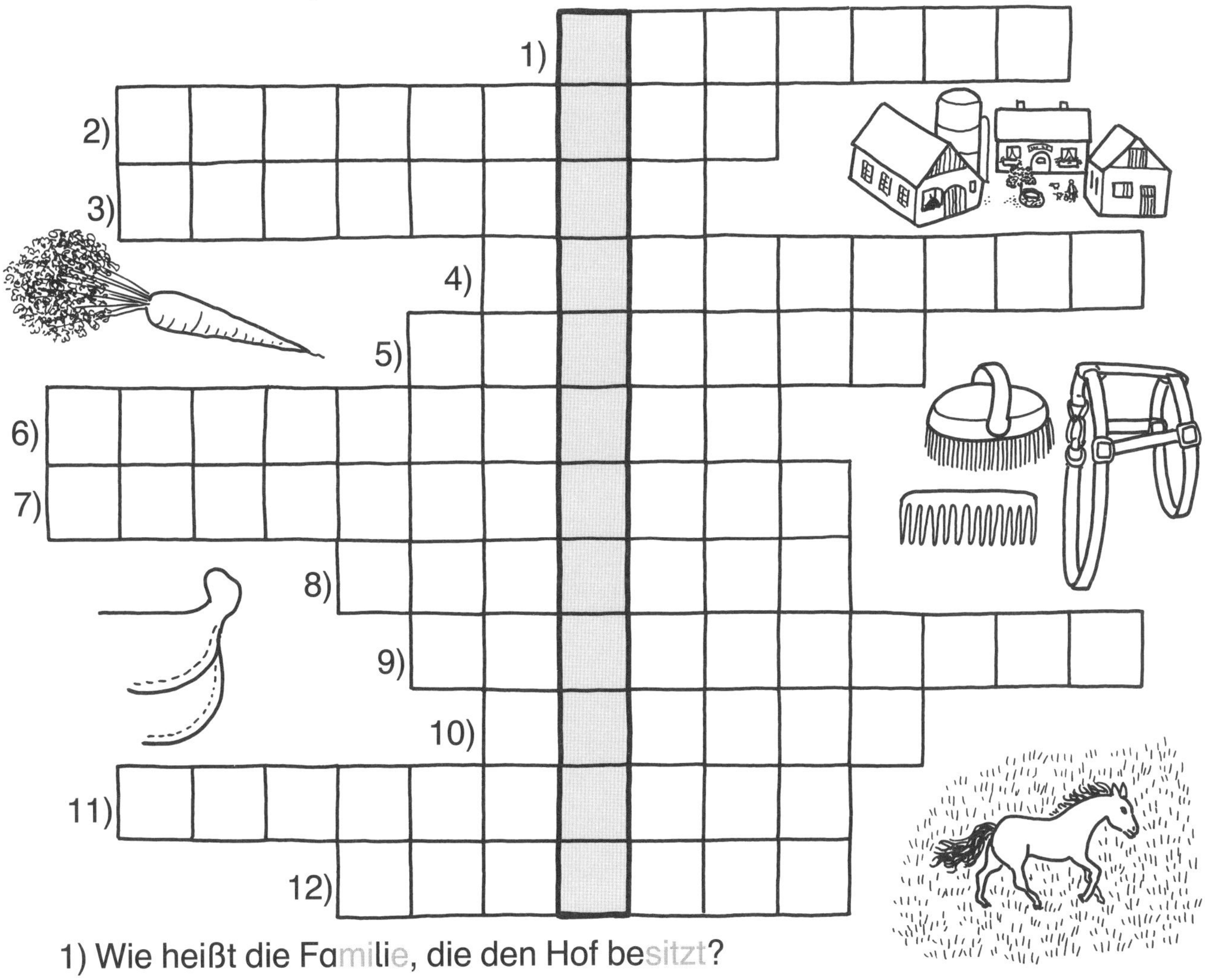

1) Wie heißt die Familie, die den Hof besitzt?
2) Wie nennt man das Haus, in dem Bauern wohnen?
3) Was brachte Anne manchmal als Leckerbissen für die Ponys mit?
4) Anne half beim Säubern der Ponys. Wie heißt das Fachwort dafür?
5) Wie nennt man den Riemen, an dem man ein Pony führt?
6) Womit kämmt man Mähne und Schweif?
7) An welchem Teil des Sattels kann man sich festhalten?
8) Anne wollte einen längeren Weg reiten. Sie wollte zum …?
9) Die Eltern kauften Anne einen Reiterhelm als …?
10) Wie nennt man eine Wiese für Ponys oder Pferde?
11) Beim Reiten darf man sich nicht festhalten. Wie muss man sitzen?
12) Wie kann man einen Hof nennen, wo es viele Ponys gibt?

Oma fängt einen Vogel – 1 zu Seite 94 – 98

1. Schreibe die passenden Wörter in die Lücken.

Moni und Hannes wünschen sich ein kleines Haustier.

Aber die Eltern sagen:

„Aus einem  ______________ wird ein ______________.

Aus einem  ______________ wird eine ______________.

Unsere Wohnung ist zu ______________. Wer versorgt das Tier, wenn wir in ______________ fahren?

Die Kinder haben Glück. Ihre  ______________ fängt am Maisfeld einen  ______________.

Sie nennen ihn ______________.

2. Was braucht der Kanarienvogel Nari, damit er sich wohlfühlt?

In einem g______________ K______________ kann er hüpfen und flattern.

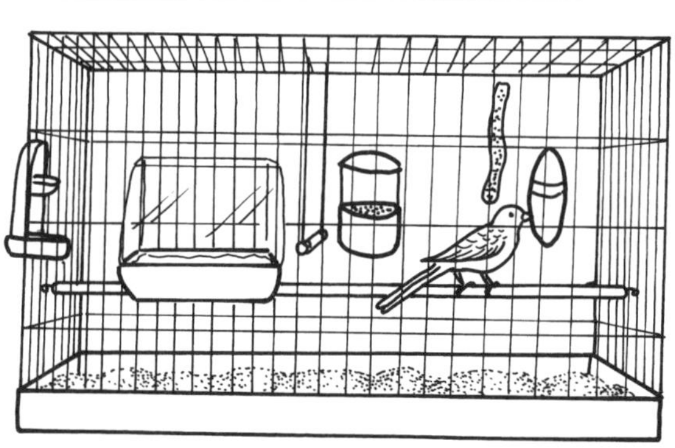

Mit gutem V______________ bleibt er gesund.

An der S______________ wetzt er den Schnabel.

Diese Vogelarten werden oft im Käfig gehalten.

1. Male die Vögel an.

   Tipp: Wellensittiche sind gelb, hellblau oder hellgrün. Zebrafinken haben einen roten Schnabel, ein schwarz-weißes Köpfchen und einen hellen Bauch. Den Kanarienvogel kennst du vom Lesebuch.

2. Was brauchen die Vögel, damit sie sich wohlfühlen?

   In der Geschichte findest du viele Hinweise.

   Wähle zwei aus und schreibe jeweils einen Satz.

Schreibe zu jedem Abschnitt die passende Überschrift.
Die Überschriften sind im Blütenkranz versteckt!

DiePflegederWieseEntdeckungeninderWieseDasSpielam
WiesenrandInderWieseistwaslos

Die Eltern rasten mit Lorenz und Laura am Wiesenrand. Lorenz und Laura liegen auf dem Bauch und schauen in die Wiese. Sie staunen über das, was sie dort beobachten können.

Laura unterscheidet viele verschiedene Gräser. Die Gräser gefallen ihr. Sie zeichnet die Gräser in ihren Notizblock. Unzählige kleine Tiere kriechen, krabbeln und fliegen umher.

Vater erklärt: „Die Wiese muss mehrmals im Jahr geschnitten werden oder das Vieh muss die Wiese abweiden. Wenn das nicht geschieht, wachsen dort wieder Büsche und Bäume."

Mutter macht mit den Kindern ein Spiel. Die Kinder sollen die Augen schließen und auf die Geräusche achten. Wer ein Geräusch hört, benennt es. Gewonnen hat, wer die meisten Geräusche gehört hat. Er bekommt eine Überraschung.

Die Eltern rasten mit Lorenz und Laura am Wiesenrand.
Beantworte die Fragen zur Geschichte in Sätzen.

1. Was sehen die Kinder in der Wiese?

2. Was zeichnet Laura in ihr Notizbuch?

3. Was muss getan werden, damit die Wiese erhalten bleibt?

4. Welche Geräusche hören die Kinder in der Wiese?

Der Löwenzahn hat viele Namen – 1

zu Seite 103 – 104

Die Lehrerin fragt: „Wie kommt die Blume zu ihren verschiedenen Namen?“

1. Trage die Namen der Blume an der richtigen Stelle in die Texte ein.
   Schau im Lesebuch nach, ob du richtig geschrieben hast.

Die Blume heißt

– ______, weil die Blätter am Rand wie große, scharfe Zähne aussehen.

– ______, weil die Blüten so gelb wie Butter sind.

– ______, weil man daraus Blumenketten flechten kann.

– ______, weil man die reifen Samen wegpusten kann.

– ______, weil sie in den Stängeln einen weißen Saft hat.

2. Wo überall kann der Löwenzahn wachsen und blühen?

3. Welcher Teil der Löwenzahnpflanze wird zum Salat verwendet?

4. Warum soll man Löwenzahnblätter nicht an einer stark befahrenen Autostraße sammeln?

Der Löwenzahn hat viele Namen – 2 zu Seite 103 – 104

Rezept für einen Salat aus Löwenzahnblättern

Schau in deinem Lesebuch auf Seite 104 nach.

1. Schreibe auf, welche Zutaten du für den Salat brauchst.

1)

2)

2. Schreibe auf, wie du den Löwenzahnsalat zubereiten kannst.

1)

2)

3)

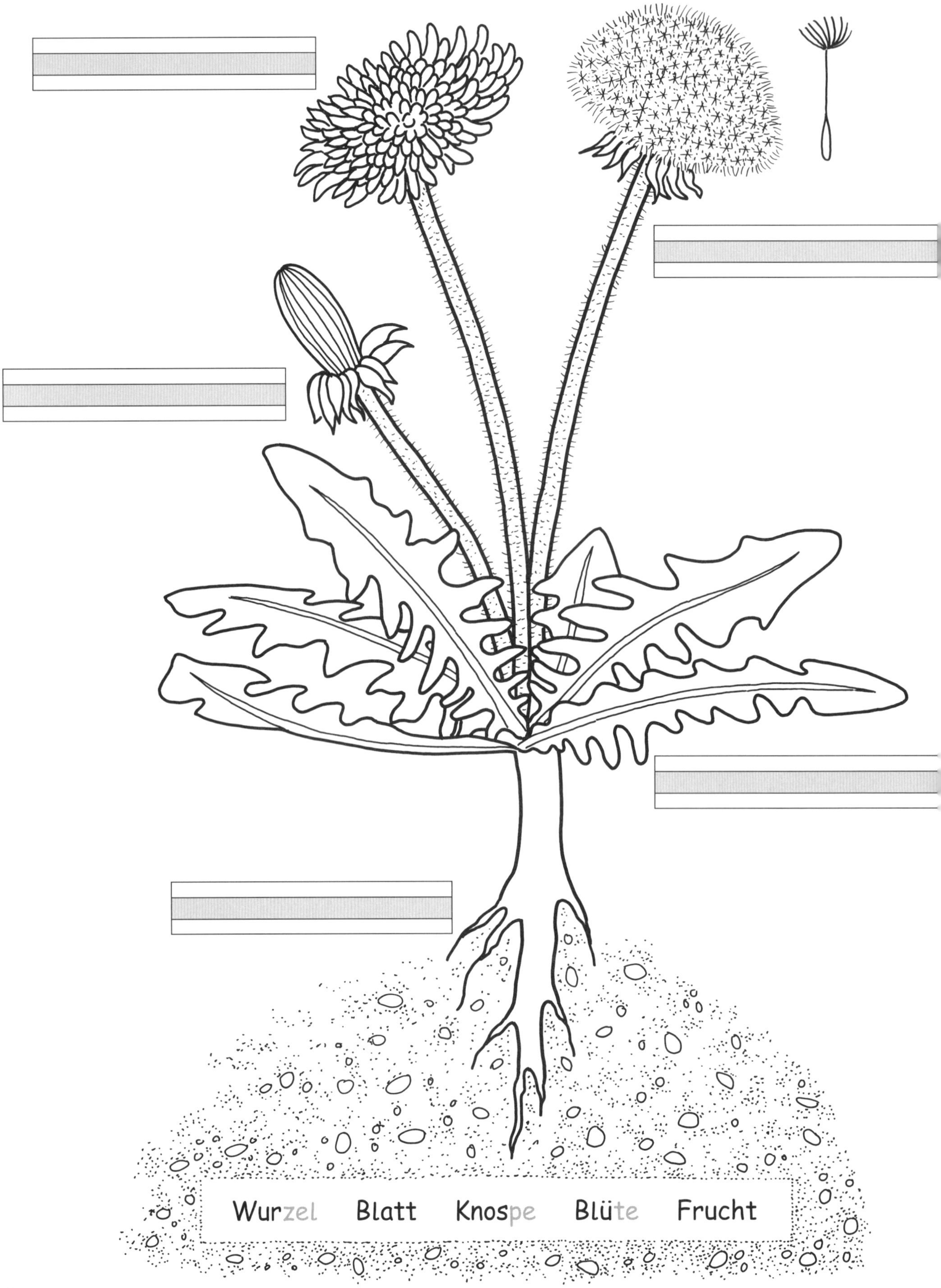

Wurzel Blatt Knospe Blüte Frucht

1. Schreibe die Begriffe aus der Erde an die passende Stelle.
2. Male den Löwenzahn aus.

Karoline, Michel und Oliver sprechen über den Apfelbaum.

1. Bringe die Sprechblasen in die richtige Reihenfolge und nummeriere sie.
   Schau auch in deinem Lesebuch auf der Seite 105 und 106 nach.

- Oliver, Michel! Aufwachen! Der Apfelbaum hat weiße Blätter bekommen!
- Der blüht.
- Kriegt man weiße Blätter, wenn man blüht?
- Nein, die Blätter sind grün. Aber die Blüten sind weiß.
- Was sind das: die Blüten?
- Quatsch! Wenn es einen Frost gibt, dann gehen die Blüten kaputt. Dann gibt es überhaupt keine Äpfel.
- Aus den Blüten werden später die Äpfel. Wenn es viele Blüten gibt, dann gibt es viele Äpfel.
- Wenn die Sonne scheint, dann gibt es keinen Frost.
- Ich habe vom Nachtfrost gesprochen.
- Aber der ist nicht warm.
- Nachts scheint der Mond.
- Dann bringe ich meinem Apfelbaum heute Abend zwei Wolldecken.

2. Sprecht den Text in verteilten Rollen.

Schreibe zu jedem Abschnitt die passende Überschrift.
Die Überschriften sind zwischen den Bohnenranken versteckt!

BohnenimBlumentopfWieMutterdieBohnenverwendetDie
EisheiligenLorenzundLaurabeobachten

Mutter will aus den Bohnen keine Suppe kochen. Sie will die Bohnen als Samen in die Erde stecken. Dann können neue Bohnen daraus wachsen.

Die Eisheiligen heißen Mamertius, Pankratius, Servatius, Bonifatius und Kalte Sophie. Sie haben am 11., 12., 13., 14. und 15. Mai Namenstag. An diesen Tagen kann es noch Frost geben.

Die Bohnen sind sehr empfindlich gegen Frost. Deshalb soll man sie erst nach den Namenstagen der Eisheiligen aussäen. Aber in der warmen Wohnung wollen die Kinder nun im Blumentopf Bohnenpflanzen ziehen.

Die Kinder wollen die Pflanzen beim Wachsen beobachten. Lorenz will seine Beobachtungen aufschreiben. Laura will ihre Beobachtungen aufmalen.

Beantworte die Fragen zur Geschichte.

1. Welche Bohnensorten hat Mutter auf dem Küchentisch liegen?

2. Warum kocht Mutter aus den Bohnen keine Suppe?

3. Warum steckt Mutter die Bohnen nach den Eisheiligen in die Erde?

4. Was braucht eine Pflanze zum Wachsen?

5. Wie wollen Lorenz und Laura ihre Beobachtungen festhalten?

Teste dein Wissen

Was ist richtig? – Was ist falsch?

Kreuze in der Tabelle an.

	richtig	falsch
1) Die Bohnensamen reifen in Nüssen.		
2) Die Bohnensamen reifen in Schoten.		
3) Aus den Bohnensamen wachsen neue Bohnenpflanzen.		
4) Die Bohnenpflanzen brauchen zum Wachsen Frost, Erde, Wasser und Licht.		
5) Die Bohnenpflanzen brauchen zum Wachsen Erde, Wärme, Licht und Wasser.		
6) Die Eisheiligen haben ihre Namenstage im Januar.		
7) Die Eisheiligen haben ihre Namenstage im Mai.		
8) Pflanzen, die besonders empfindlich gegen Frost sind, werden erst nach den Namenstagen der Eisheiligen ausgesät.		
9) Der Gärtner deckt Pflanzen, die gegen Frost empfindlich sind, mit Dachziegeln zu.		
10) Der Gärtner deckt Pflanzen, die gegen Frost empfindlich sind, mit Zweigen zu.		
11) Die Bohnensamen sind eckig und durchsichtig.		
12) Bohnensamen können groß oder klein, weiß, rot oder gesprenkelt, hart oder weich sein.		

Es gibt sieben richtige und fünf falsche Sätze.

Im Rätselkasten sind acht Wörter aus der Geschichte versteckt.

1. Kreise sie ein.

R	M	Q	A	B	O	H	N	E	N	Z	E	L	T
M	Y	B	U	A	Q	K	X	Y	Z	M	Z	W	W
X	B	F	E	U	E	R	B	O	H	N	E	K	S
T	R	U	S	C	H	N	U	R	Z	Y	A	C	S
O	E	I	S	H	E	I	L	I	G	E	N	A	O
G	H	F	R	W	S	J	D	Ä	I	Q	W	L	M
B	O	H	N	E	N	S	C	H	O	T	E	N	M
H	N	C	V	H	B	L	Z	S	T	R	N	G	E
X	Z	H	O	L	Z	S	T	A	N	G	E	N	R

2. Schreibe die passenden Wörter aus Aufgabe 1 in die Lücken.

Mit ______ und ______ kann man ein ______ bauen.

Der ______ ist die Jahreszeit, in der ______ geerntet werden.

Man pflanzt die Samen der ______ erst nach den ______.

Isst man rohe Bohnen, bekommt man ______.

Beantworte die Fragen zum Gedicht in Sätzen.

Wo ist das Kind gewesen?

Was hat das Kind an seinem Kleid?

Was hat das Kind in seinem Haar?

Was tat das Kind im Wald?

Woran kannst du erkennen, was das Kind im Wald gemacht hat?

Wachsen die Heidelbeeren auf einem Baum oder an einem Strauch?

Kennst du einen anderen Namen für „Heidelbeeren“? Schreibe ihn auf.

Beantworte die Fragen zum Textabschnitt Zeile 1 bis 11.

1. Welche Überschrift passt zu diesem Textabschnitt? Schreibe sie auf.

2. Beantworte die folgenden Fragen. Schreibe deine Antworten in Sätzen.

Warum ist Lukas aufgeregt?

Was packt ihm die Mutter in den Rucksack?

Was packt Lukas noch in seinen Rucksack?

Warum soll Lukas sich eine lange Hose und feste Schuhe anziehen?

Was soll Lukas außerdem nicht vergessen?

Mit dem Förster im Wald – 2

Beantworte die Fragen zum Textabschnitt Zeile 12 bis 22.

1. Welche Überschrift passt zu diesem Textabschnitt? Schreibe sie auf.

2. Beantworte die folgenden Fragen. Schreibe deine Antworten in Sätzen.

Wo trifft sich die Klasse mit dem Förster?

Der Förster hat seinen Hund mitgebracht. Warum führt er ihn an der Leine?

Warum halten sich die Kinder nahe beim Förster auf?

Auf welchen Baum macht der Förster die Kinder zuerst aufmerksam?

Wie messen die Kinder die Dicke des Baumstammes aus?

Beantworte die Fragen zum Textabschnitt Zeile 23 bis 52.

1. Welche Überschrift passt zu diesem Textabschnitt? Schreibe sie auf.

2. Beantworte die folgenden Fragen. Schreibe deine Antworten in Sätzen.

Im Sommer können im Laubwald keine Blumen blühen. Warum?

Welche Aufgabe haben die dicken, langen Wurzeln des Baumes?

Wie fühlt sich die Borke des Buchenstammes an?

Was finden die Kinder zwischen dem alten Laub?

Mit dem Förster im Wald – 4 zu Seite 113 – 118

Beantworte die Fragen zum Textabschnitt Zeile 53 bis 63.

1. Welche Überschrift passt zu diesem Textabschnitt? Schreibe sie auf.

2. Beantworte die folgenden Fragen. Schreibe deine Antworten in Sätzen.

Welchen Baum zeigt der Förster den Kindern anschließend?

Was sollen die Kinder vergleichen?

Wozu braucht Lukas sein Notizbuch?

Wie heißen die Früchte der Eiche?

Wie fühlt sich die Borke des Eichenstammes an?

Wie kann man sie abmalen?

Beantworte die Fragen zum Textabschnitt Zeile 64 bis 73.

1. Welche Überschrift passt zu diesem Textabschnitt? Schreibe sie auf.

2. Beantworte die folgenden Fragen. Schreibe deine Antworten in Sätzen.

Wo machen die Kinder schließlich Rast?

Warum machen die Kinder Rast?

Welche Tiere entdecken die Kinder auf ihrem Rastplatz?

Was machen die Kinder mit den Tieren?

Was tun die Kinder, um den Rastplatz sauber zu halten?

Beantworte die Fragen zum Textabschnitt Zeile 74 bis 91.

1. Welche Überschrift passt zu diesem Textabschnitt? Schreibe sie auf.

2. Beantworte die folgenden Fragen. Schreibe deine Antworten in Sätzen.

Wohin gelangen die Kinder, als sie der Ameisenstraße folgen?

Warum ist ein Zaun um den Ameisenhaufen errichtet?

Wie sollen sich die Kinder an dem Ameisenhaufen verhalten?

Wie wehren sich die Ameisen, wenn sie sich angegriffen fühlen?

Buche und Eiche im Vergleich

Der Förster hat den Kindern die Buche und die Eiche erklärt. Vergleiche die Zweige von Buche und Eiche.

Schreibe die Merkmale beider Baumarten unter die Bilder.

Buche		Eiche
wellig, die Spitze gezähnt	Wie sehen die Blätter aus?	
	Wie heißen die Früchte?	
	Wie fühlt sich die Borke an?	
	Wie viele Kinder fassen sich um den Stamm herum an den Händen?	

Bucheckern Eicheln gelappt ~~wellig~~ ~~gezähnt~~ glatt rau rissig fünf Kinder vier Kinder

Im Ameisenhaufen

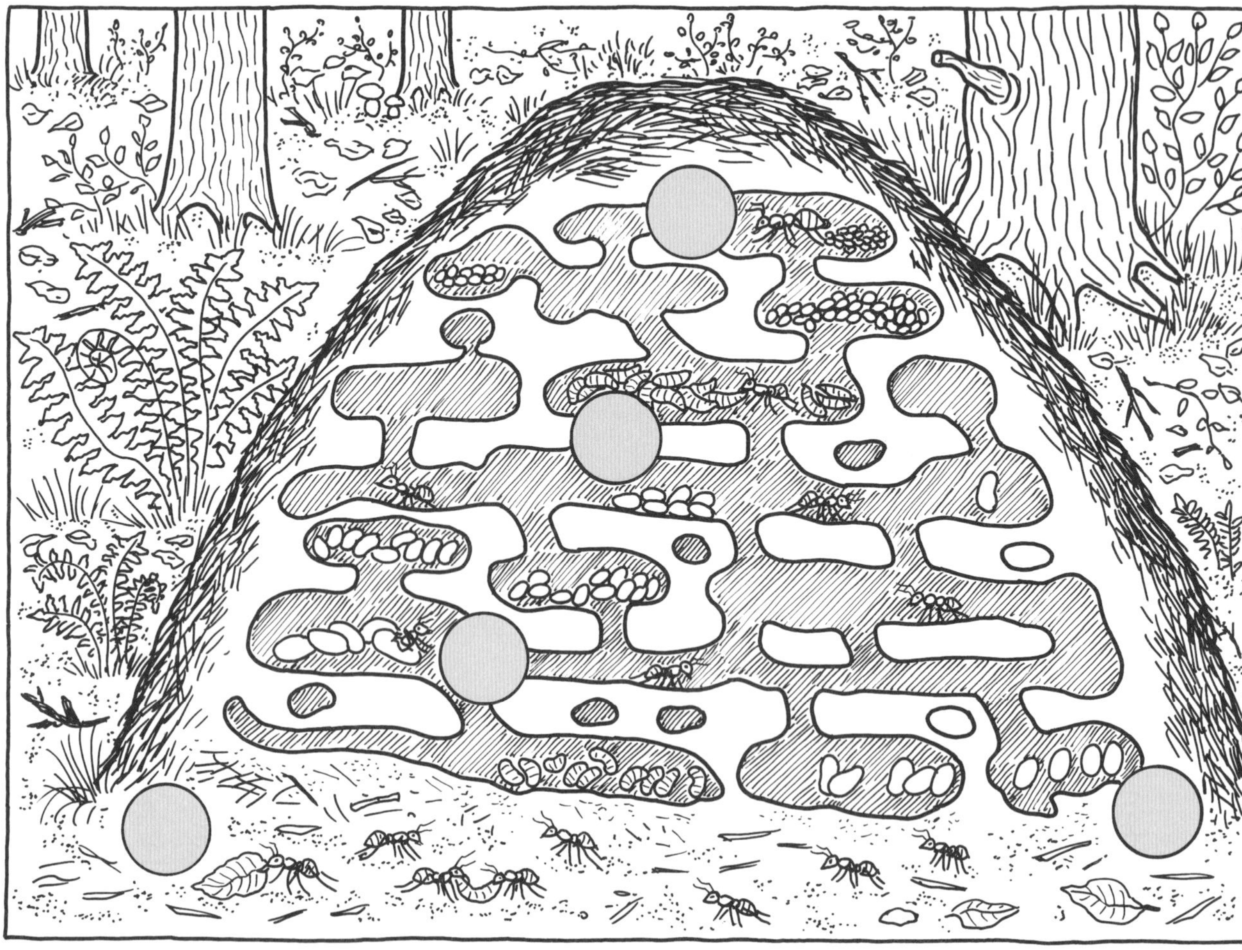

1. Schreibe die Ziffern aus dem Text in die passenden grauen Kreise der Abbildung.
   Der Förster führt die Kinder zu einem Ameisenhaufen. Er erklärt, wie es im Inneren der Ameisenburg aussieht: Alles, was die Ameisen fressen, schleppen sie in ihren Bau: Pflanzen und Reste von toten Tieren (1).
   Im Inneren des Hügels gibt es viele Gänge und Kammern. Hier legt die Königin ihre Eier (2). Aus den Eiern schlüpfen kleine Maden. Sie werden von den Arbeiterinnen gefüttert, bis sie fett sind (3). Dann spinnt sich die Made ein und ruht einige Zeit (4). Schließlich schlüpft aus dieser Puppe eine neue, fertige Ameise (5).

2. Schreibe zu den vier Abbildungen jeweils einen Satz in dein Heft.

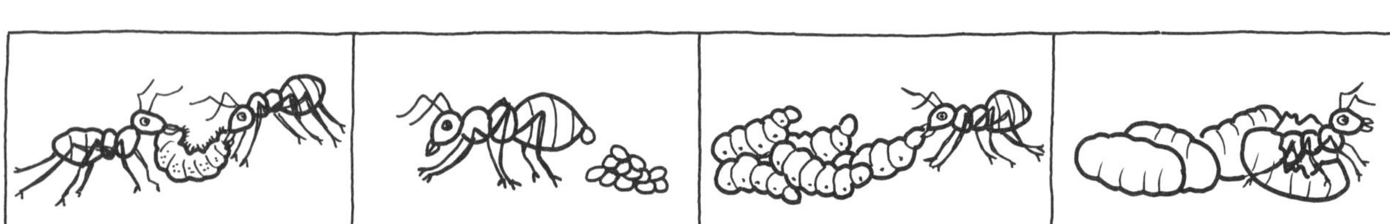

Der Kater überlegt genau, was er tut.

1. Kreuze an, welche Gründe er hat.
   Es sind immer **zwei** richtig.

Der Kater möchte ein Paar feine Stiefel haben,

c ☐ weil er seine Pfoten nicht schmutzig machen will.
k ☐ damit er vornehm aussieht.
l ☐ weil er aufrecht gehen möchte wie ein Mensch.

Der Kater fängt die Rebhühner,

u ☐ weil er eine Belohnung vom König erhalten will.
r ☐ weil der Müllersohn etwas zu essen braucht.
g ☐ weil der König gierig auf Rebhühner ist.

Am See versteckt er die Kleider des jungen Müllers,

e ☐ denn er will schöne Kleider vom König bekommen.
z ☐ damit sie nicht gestohlen werden.
K ☐ damit der König die alten Kleider nicht sieht.

Die Leute des Zauberers tun, was der Kater sagt,

a ☐ weil er ihnen mit harter Strafe droht.
t ☐ weil ein Kater in Stiefeln nur vom Zauberer kommen kann.
u ☐ weil er ein so nettes Tier ist.

Der Kater möchte, dass sich der Zauberer in eine Maus verwandelt,

e ☐ damit er sie fangen und fressen kann.
f ☐ weil die Verwandlung in ein kleines Tier besonders schwer ist.
r ☐ damit der Müller alle Reichtümer des Zauberers bekommt.

2. Schreibe die Buchstaben vor den angekreuzten Antworten nacheinander in die Lücken.

Die Lösung: Der ☐☐☐☐☐ ☐☐☐☐☐
war das beste Erbe von allen.

Die Zahl 3 kommt in vielen Märchen vor, auch in diesem.

Setze die Zahl und die Wörter ein.

Der Müller hatte ___ Söhne. Er vererbte ihnen:

1. die ____________ 2. den ____________ 3. den ____________

Die Märchenzahl 3

Der Zauberer besaß ___ große Ländereien.

1. eine große ____________

2. ein großes ____________

3. einen großen ____________

Wie viele Leute arbeiteten auf den ___ Ländereien?

1. über ____________

2. über ____________

3. mehr als ____________

Der Zauberer verwandelte sich in ___ Tiere.

1. ____________ 2. ____________ 3. ____________

Im Reich der Frau Holle soll das fleißige Mädchen drei Aufgaben erledigen.

Beantworte die Fragen zum Märchen in Sätzen.

Was riefen die Brote im Backofen?

Was machte das fleißige Mädchen?

Was rief der Apfelbaum?

Was machte das fleißige Mädchen?

Was sagte die alte Frau, wie das Bett gemacht werden sollte?

Was machte das fleißige Mädchen?

1. In jedem Satz fehlt ein Wort. Du findest es im Lesetext.

Schreibe es in die zugehörigen Kästchen.

Senkrecht ergibt sich ein Lösungswort.

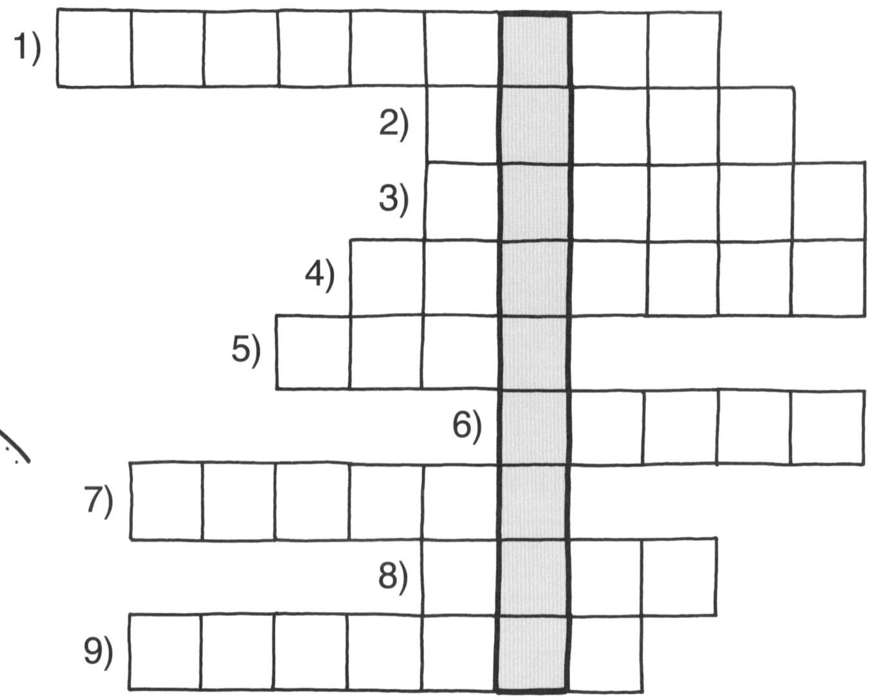

1) Frau Holle war sehr zufrieden mit dem … Mädchen.
2) Das Mädchen hatte es gut bei Frau …
3) Traurig … es: „Ich habe Heimweh.“
4) Frau Holle antwortete: „Du hast mir treu … “
5) Sie … das Mädchen bei der Hand.
6) … Gold blieb an ihm hängen.
7) Sie gab dem Mädchen auch die Spule …
8) Das Tor schloss …
9) Der Hahn saß auf dem …

2. Wie nennt der Hahn das heimkehrende fleißige Mädchen?

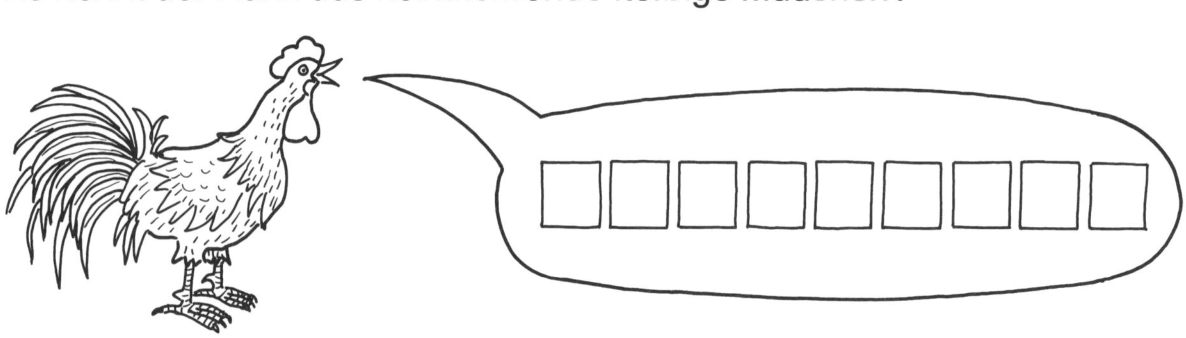

1. Ergänze die Sätze. Kreuze die richtige Begründung an.

1) Die Mutter und die Schwester freuen sich, als Goldmarie wieder nach Hause kommt,

A ☐ weil sie Goldmarie lieb haben.
S ☐ weil sie sich Sorgen um sie gemacht haben.
P ☐ weil sie viel Gold nach Hause bringt.

2) Die hässliche Tochter setzt sich ans Spinnrad,

D ☐ weil sie gerne arbeiten will.
E ☐ weil sie schnell reich werden will.
S ☐ weil sie auch so fleißig wie ihre Schwester sein will.

3) Sie holt die Brote nicht aus dem Ofen,

U ☐ weil sie noch nicht fertig gebacken sind.
R ☐ weil sie noch keinen Hunger hat.
C ☐ weil sie sich nicht schmutzig machen will.

4) Sie schüttelt die Äpfel nicht vom Baum,

O ☐ weil sie noch nicht ganz reif sind.
F ☐ weil sie keinen Korb zum Aufsammeln der Äpfel hat.
H ☐ weil sie Angst hat, dass ihr ein Apfel auf den Kopf fallen könnte.

2. Aus den Buchstaben vor der richtigen Begründung kannst du das Lösungswort bilden:
Als die faule Tochter unter dem Tor stand, floss ☐☐☐☐ in Strömen.

Der dreifache Rat der Tiere

Schreibe auf, welchen Rat die Tiere Prinz Iwan mit auf den Weg geben.

Du findest die Ratschläge im Text.

1. Prinz Iwan löscht das Feuer.
Zum Dank geben die Ameisen
ihm folgenden Rat:

Kehre

2. Iwan wirft den gestrandeten
Fisch zurück ins Meer.
Zum Dank gibt der Fisch ihm
folgenden Rat:

Gib

3. Der Prinz sammelt Insekten
und Würmer für die hungernden
Rabenjungen. Zum Dank geben
sie ihm folgenden Rat:

Weise

Der Vogel Phönix

In jedem Satz fehlt ein Wort. Du findest es im Lesetext.
Schreibe es in die zugehörigen Kästchen.
Senkrecht ergibt sich ein Lösungswort.

1) Iwan war müde und legte sich unter einen Baum zum …
2) Da weckte ihn eine leise, … Musik.
3) Er sah über sich goldene Äpfel im Baum …
4) Die Federn des Vogels … aus Gold.
5) Die erste Zeile seines Liedes beginnt mit …
6) Auf **gefangen** reimt sich …
7) … packte er schnell zu und hielt den Vogel fest.
8) Da dachte er an den Rat des …
9) In einer … Wolke verschwand Phönix.
10) Es war das schönste …, das Prinz Iwan je gesehen hatte.
11) Der Zauberer … hält mich im schwarzen Schloss gefangen.
12) Die Äpfel am Baum heißen …

Lösung:
Iwan erhält eine ☐☐☐☐☐☐☐☐☐☐☐☐.

Die Aufgaben des bösen Zauberers – 1 zu Seite 146 – 150

1. Schreibe die passenden Verben in die Lücken. Verwende die Silben in den Federn.

fäl gen aus ben bren sä len nen gen gra gen sä
eg en ern ten dre cken schen mah len ver ba pflü

Der böse Zauberer Kostej sagte zu Prinz Iwan: „Ich gebe dir drei Aufgaben. Wenn du sie bewältigst, soll die schöne Zarentochter frei sein.“

Die erste Aufgabe lautet:

Bis morgen musst du alle Bäume ________ und

das Holz der Stämme zu Brettern ________.

Dann musst du die Wurzeln ________

und sie ________.

Den Boden musst du ________ und ________,

Weizen ________ und ________,

das Korn ________ und ________.

Von dem Mehl sollst du mir zum Frühstück ein Brot ________.

Kein Mensch konnte eine solche Aufgabe lösen. Da erinnerte sich der Prinz an das Versprechen des Phönix.

2. Erinnerst du dich noch? Schreibe auf:

Reiße ________

____

____

____

Der böse Zauberer stellte Iwan die zweite Aufgabe.

1. Schreibe die passenden Nomen in die Lücken. Du findest sie in der Geschichte im Lesebuch.

In einer Nacht musst du einen ______ anlegen, der siebzehn ______ lang und breit ist. Er muss so tief sein, dass große ______ darin fahren können.

Über den See sollst du eine ______ aus ______ bauen, die goldene ______ hat.

Auf der Brücke sollst du ______ pflanzen.

Abwechselnd soll einer in ______ stehen, der andere soll goldene ______ tragen mit Kernen aus ______.

Unter jedem Baum soll eine ______ fließen, an der ich meinen ______ löschen kann.

2. Male das Bild zur zweiten Aufgabe farbig aus.

Die Aufgaben des bösen Zauberers – 3 zu Seite 146 – 150

Die dritte Aufgabe lautete: Morgen musst du mir meinen Tod bringen.

Male die Bilder farbig aus. Schreibe die passenden Wörter in die Lücken.
Du findest sie in der Geschichte im Lesebuch.

Mit einem Wink zauberte er __________, __________ und andere __________ herbei.
Iwan __________ bis ans Ende seiner Kräfte. In höchster __________ erinnerte er sich an den __________.

Er forderte Iwan auf: „Nimm mein goldenes __________ und spalte mich entzwei."
Iwan erinnerte sich an den __________ der __________.
Schweren Herzens hieb er den __________ __________ entzwei.

Der Bann des __________ war gebrochen. Alles was __________ gewesen war, erhielt seine __________ zurück. Der alte __________ weinte vor Freude, als er seine __________ wiedersah.

Warum reiten die Kinder ins Nachbardorf?

Sie kaufen auf dem Markt Reis und Gemüse ein.

Was will Swetha einmal werden?

Swetha will Kranken-schwester werden.

Was machen Usha und Raja in den Ferien?

Manchmal besuchen sie den Vater in der Ziegelbrennerei und helfen mit.

Wann kommen die älteren Geschwister nach Hause?

Sie kommen nur in den Ferien nach Hause.

Wo arbeitet der Vater?

Der Vater arbeitet in einer Ziegel-brennerei.

Wo gehen Raja und Swetha zur Schule?

Raja und Swetha besuchen die Schule in der Stadt Raigir.

Wo arbeiten Mutter und Großmutter?

Sie arbeiten auf den Feldern eines reichen Bauern.

Was macht Usha, wenn die Schulkleidung zu klein wird?

Sie tauscht die Schulkleidung mit anderen Schülerinnen.

Wie heißen Ushas Geschwister?

Ushas Geschwister heißen Swetha und Raja.

Welche Kleidung trägt Usha in der Schule?

Sie trägt eine blauweiße Schuluniform.

Wo liegt das Dorf Motakondur?

Das Dorf Motakondur ist 80 km von Hyderabad entfernt.

In welchen Monaten geht Usha in die Dorfschule?

Usha geht von Juli bis März in die Dorfschule.

Welches ist das größte Säugetier Indiens?

Das größte Säugetier ist der Indische Elefant.

Welches Gebirge bildet die Grenze im Norden?

Der Himalaya bildet die Grenze zu China im Norden.

Wie heißt der längste Fluss in Indien?

Der längste Fluss Indiens heißt Ganges.

Was ist der Monsun?

Der Monsun ist die Regenzeit im Sommer.

Wer bezahlt das Schulgeld für Raja und Swetha?

Schulpaten aus Europa bezahlen das Schulgeld.

Warum freut sich Usha auf die Schule in der Stadt?

Swetha erzählt immer, dass sie die Schule toll findet.

Wie viel sind 10 Rupien in Euro umgerechnet?

1 Euro sind 50 Rupien. 10 Rupien sind 20 Cent.

Wie heißt die Hauptstadt von Indien?

Die Hauptstadt heißt Neu-Delhi.

Wie heißt die sehr gefährliche Giftschlange?

Die Giftschlange heißt Kobra oder Brillenschlange.

Wie heiß wird es in Indien im Sommer?

Im Sommer wird es in Indien bis 50 Grad heiß.

Woher hat Indien seinen Namen?

Der Fluss Indus hat dem Land seinen Namen gegeben.

Wie heißt das berühmteste Raubtier Indiens?

Indiens berühmtestes Raubtier ist der Königstiger.

Steckbrief

Beke

Felix

Elena

Ayushi

Suche dir ein Kind aus und schreibe auf, was du von ihm weißt.

Name: Das Kind, das ich beschreiben will, heißt ______

Alter: Es ist ______

Herkunftsland: Seine Eltern sind ______

Geschwister: Es hat ______

______

Schule: Es geht in ______

Hobbys: In der Freizeit spielt ______

______

______ spielt Theater, weil ______

______

______

Nils wird in ein Wichtelmännchen verwandelt.

Nils ärgerte das Wichtelmännchen. Dafür wurde er bestraft.

1. Ergänze die Bilder nach seiner Verwandlung.

Nils im Zimmer

Nils und die Hühner

Nils und Mieze

2. Wie fühlt sich Nils jetzt? Schreibe die Antwort in dein Heft.

Nils Holgerssons wunderbare Reise – 2 zu Seite 164 – 173

Nils und Martin fliegen mit den Wildgänsen weg.

1. Schreibe die passenden Wörter aus der Geschichte in die Lücken.

Der weiße ______ Martin wünschte sich schon lange, mit den Wildgänsen nach Lappland zu fliegen. Er trainierte eifrig.

Jetzt flog eine Schar von ______ über den Hof.

Martin hob die Flügel. Mit diesen Gänsen wollte er wegfliegen.

Da hängte sich ______ an seinen Hals. Seine Eltern sollten diesen schönen, großen Gänserich nicht ______.

Er wollte Martin am ______ halten, aber er hatte nicht genug Kraft. Er hatte vergessen, dass er ein ______ war.

Martin holte die Wildgänse bald ein. Nils konnte nicht mehr abspringen, ohne sich das ______ zu brechen. Die Reise begann.

2. Nils sah ganz klein den Hof seiner Eltern, das Dorf und die Felder.
Er nahm Abschied. Mit Martin flog er vielen neuen Abenteuern entgegen.
Male das Bild aus.

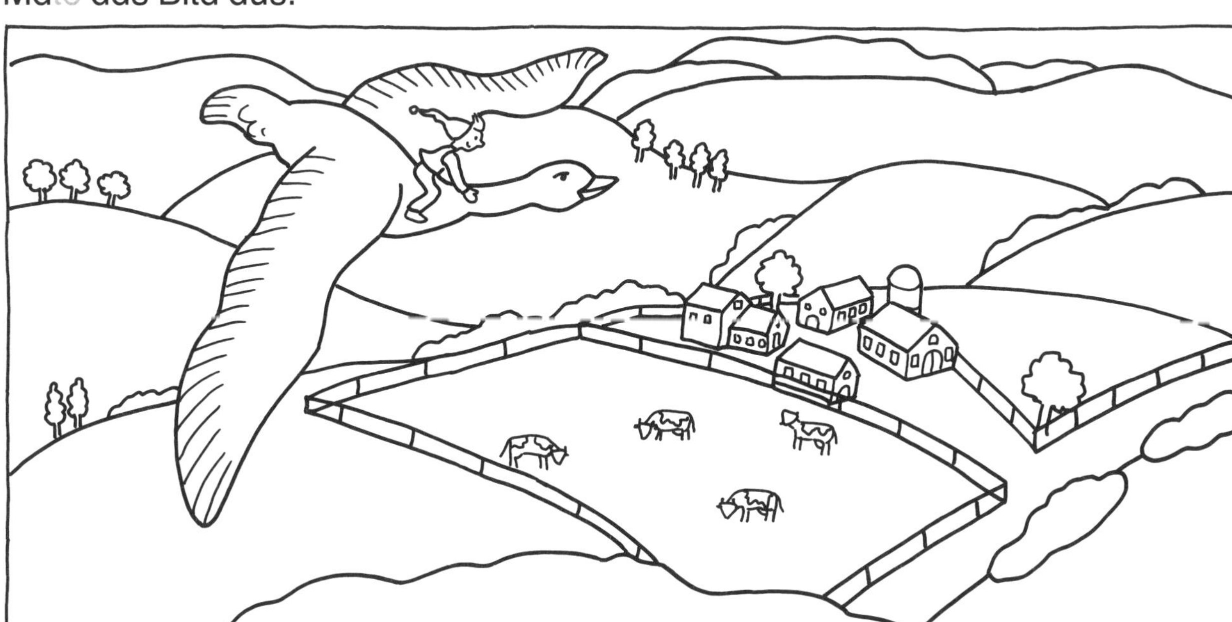

3. Denke dir ein Abenteuer mit Nils und Martin aus. Schreibe ins Heft.

So würde Swipp die Geschichte vielleicht erzählen, wenn er sprechen und denken könnte wie ein Mensch.

1. Schreibe die passenden Wörter in die Lücken.

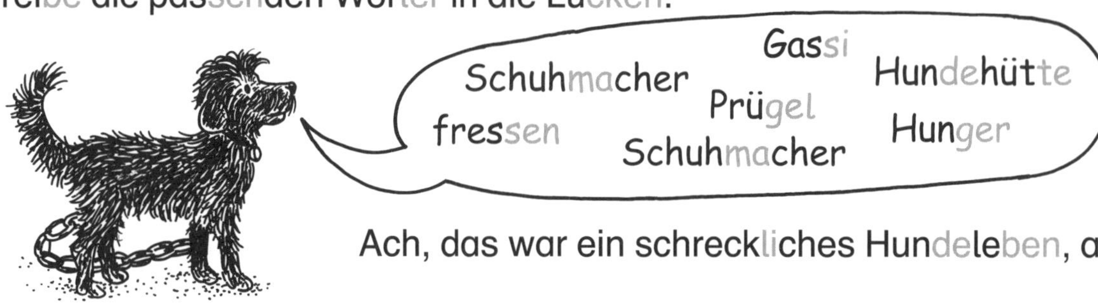

Ach, das war ein schreckliches Hundeleben, als ich noch dem __________ gehörte. Nie durfte ich __________ gehen, immer war ich an der __________ fest angebunden. Fast jeden Tag habe ich __________ gekriegt und wusste nicht, warum. Ich hatte auch ständig __________, denn oft vergaß der böse __________, mir etwas zu __________ zu geben.

2. Schreibe die passenden Wörter in die Lücken.

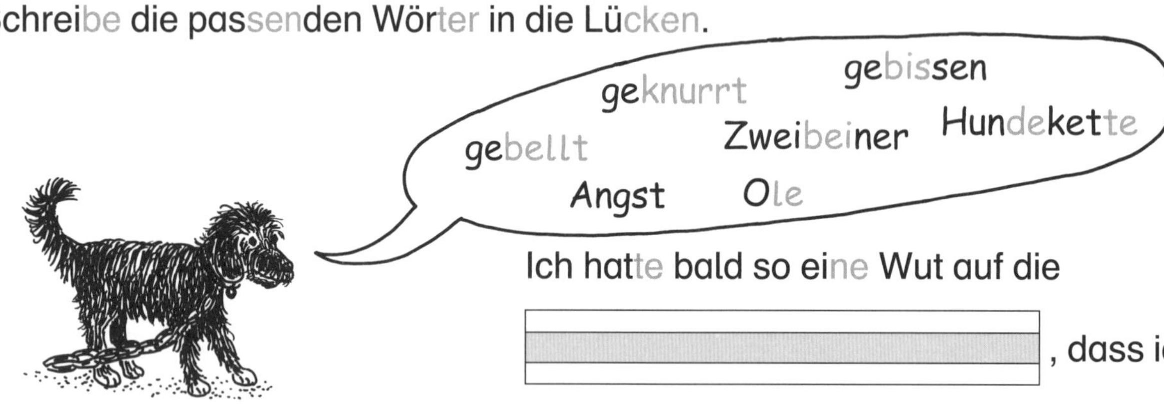

Ich hatte bald so eine Wut auf die __________, dass ich am liebsten jeden __________ hätte. Leider kam ich wegen meiner __________ an keinen ran. Aber __________ und __________ habe ich, ganz böse und laut. Alle Kinder hatten __________ vor mir, nur einer nicht, das war __________. Er wurde mein Freund.

3. Schreibe die passenden Wörter in die Lücken.

Knochen streichelte begrüßte leckte fressen bellen Freund prima freundlich

Obwohl ich böse gebellt habe, hat er ________ mit mir gesprochen. Einmal brachte er einen riesigen ________ mit, als ich sehr großen Hunger hatte. Den musste ich gleich ________ und konnte nicht mehr ________. Ole kam öfter vorbei. Das fand ich ________, denn Ole brachte mir immer etwas mit.

Ich freute mich schon auf Ole. Als er jetzt kam, bellte ich nicht böse, sondern ________ ihn. Ole ________ mich und ich ________ ihm die Hand. Ich war sehr froh, endlich einen ________ zu haben.

Lies die Abschnitte im Lesebuch. Schreibe dann die passenden Wörter in die Lücken.

1) Das Anfangsbild im Lesebuch:

Franz und seine ______ spielen gemeinsam

Mensch-ärgere-dich-nicht. Das macht Franz ______, er lacht.

Der ______ ist aus. Es ist ein schöner Abend.

2) Aber Franz hat ein Problem (Zeile 1 bis Zeile14):

Es geht ums Fernsehen. Die Eltern haben kein Kabel ______

und keine Satelliten-Schüssel. Sie wollen es nicht.

Franz kann nur drei ______ sehen.

Die anderen Kinder können zwanzig Programme sehen.

3) So fühlt sich Franz in der Schule (Zeile 15 bis Zeile 29):

Er kommt sich wie „______ ______" vor.

Franz kann nie mitreden, wenn die anderen Kinder über die

Filme reden, die sie im Fernsehen angeschaut haben.

Franz mag nicht immer den ______ halten.

Er mag auch nicht, dass man seine Eltern für

______ oder ______ hält.

4) Franz hat eine Idee (bis Ende des Textes).

Die Kinder reden über eine TV-______ mit

einem Schnüffel-Hund, die Franz nicht gesehen hat.

Jetzt erfindet Franz eine neue Serie und einen neuen

______, nämlich Sat-sechs.

Später wollen Martina und die anderen mehr über die Serie wissen.
„Erzähl mal, Franz“, sagen sie.
Martina fragt: „Warum fliegt der Astronaut zur Erde? Was will er bei uns?
Wie sieht sein Raumschiff aus? Wie heißt er überhaupt?“
Die anderen fragen: „Wie geht sein Raumschiff kaputt?
Was macht er dann? Kann er mit den Menschen sprechen?“
Franz holt tief Luft, damit seine Stimme nicht so piepsig wird,
und fängt an zu erzählen.

Der Astronaut fliegt in einem neuen Ein-Mann-Raumschiff-Flitzer, mit dem fliegt er ganz besonders schnell. Er kommt von einem anderen Planeten und heißt ______________ . Er landet auf der Erde, weil ______________

____

Bei der Landung kracht er gegen einen Baum und sein Raumschiff geht kaputt. Er steigt aus und …

1. Erfinde den Namen des Astronauten und einen Grund, warum er auf der Erde landet.
2. Denke dir für Franz eine spannende Serie aus und schreibe deine Geschichte ins Heft.

Lies die Texte im Lesebuch auf den Seiten 181 bis 185 genau durch.

Kreuze die richtigen Antworten an.

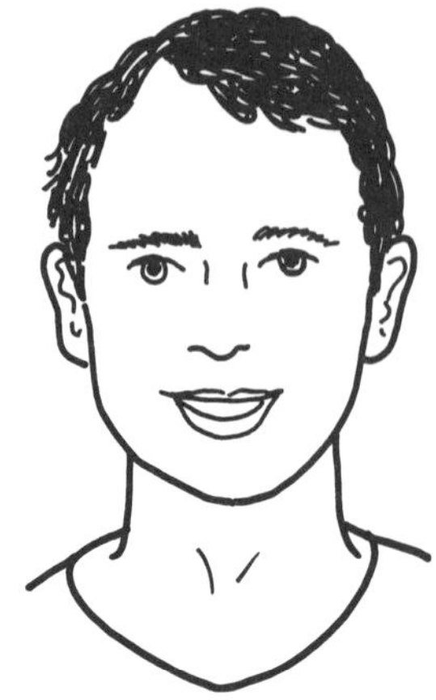

1) Was wollte Stefan Gemmel als Kind werden?

D ☐ Lokomotivführer E ☐ Schriftsteller
K ☐ Polizist L ☐ Lehrer
S ☐ Förster C ☐ Pilot
F ☐ Astronaut V ☐ Rennfahrer

2) Wo fühlt sich Stefan Gemmel richtig wohl?

U ☐ im Auto F ☐ im Flugzeug
X ☐ im Zug A ☐ am Schreibtisch

3) Wie viele Bücher hat Stefan Gemmel schon geschrieben?

Z ☐ über 10 E ☐ über 30
N ☐ über 20 P ☐ über 40

4) Wem liest Stefan Gemmel etwas Neues zuerst vor?

R ☐ seinen Freunden C ☐ seinen Lesern
T ☐ seiner Frau Doro A ☐ seinen Töchtern

5) Welche Tiere spielen die Hauptrollen in Stefan Gemmels Buch „Winnewuff und Old Miezecat“?

L ☐ Affe T ☐ Elefant
S ☐ Hund H ☐ Wolf
I ☐ Kater V ☐ Giraffe
O ☐ Ente E ☐ Maus

Acht richtige Buchstaben ergeben die Lösung:

Das Wichtigste für einen Schriftsteller ist seine ☐☐☐☐☐☐☐☐.

Beantworte die Fragen zur Geschichte in Sätzen.

1. Wen treffen die Freunde am Anfang der Geschichte?

2. Was wollen sie von ihm wissen?

3. Er beschreibt ihnen einen Weg. Von wo aus gehen sie los?

4. Markiere den Ort auf der Karte mit einem Kreuz.
5. Zeichne den Weg ein.

6. Vervollständige den Satz.

Sie finden ______ in der alten ______ .

7. Wie geht die Geschichte weiter? Schreibe in dein Heft.

1. Die Sätze sind auseinandergerissen worden.
Welche Satzteile gehören zusammen? Verbinde sie mit Linien in verschiedenen Farben.

(1) Eine Bibliothek ist

(2) In einer Bücherei kann man

(3) Sport, Gartenbau, Romane sind

(4) Märchen oder Tierbücher sind

(5) Viele Kinderbücher stehen

(6) Die Bücher auf den Regalen sind

(7) Eine Bibliothekarin arbeitet

auf Regalen für ein bestimmtes Lesealter: zum Beispiel ab 6 Jahren, ab 8 Jahren. (i)

dasselbe wie eine Bücherei. (s)

Sachgebiete bei den Kinderbüchern. (r)

Bücher, CDs und Videos ausleihen. (a)

in einer Bibliothek. Sie gibt Auskunft. (r)

Sachgebiete in einer Bücherei. (u)

alphabetisch nach dem Nachnamen des Autors geordnet. (e)

2. Du hast die richtigen Satzteile verbunden, wenn die Buchstaben in den Kästchen den Namen von Franks Lieblingstier ergeben.

Er hat ein Buch darüber in der Bücherei gefunden: ______

(1)	(2)	(3)	(4)	(5)	(6)	(7)

3. Schreibe die Sätze in dein Heft.

1. Hier fehlen Buchstaben im Gedicht. Setze sie ein, groß oder klein.

Es l___s ein ___är ein ___uch im ___ett.

Es ___litzte dr___ußen und kr___chte.

Der ___är l___g, l___s und l___chte.

W___s l___s der ___är,

w___s l___s er im ___ett?

Ein ___uch voll

A B C D E

F G H I J K

L M N O P Q

R S T U V W

X Y und Z. Josef Guggenmos

2. Welche Buchstaben hast du eingesetzt? ___

3. „A" heißt „Alpha" und „B" heißt „Beta" auf Griechisch.

Ein anderes Wort für Abc ist ___ .

4. Im Suchrätsel findest du acht Wörter aus dem Gedicht.
Kreise sie ein und streiche nach jedem gefundenen Wort eine Zahl aus.

x	l	b	d	i	o	k	x
b	a	c	r	j	p	r	v
l	s	w	a	s	x	a	o
i	x	i	u	k	y	c	l
t	l	s	ß	l	i	h	l
z	a	f	e	m	k	t	c
t	g	g	n	n	y	e	d
e	l	a	c	h	t	e	x

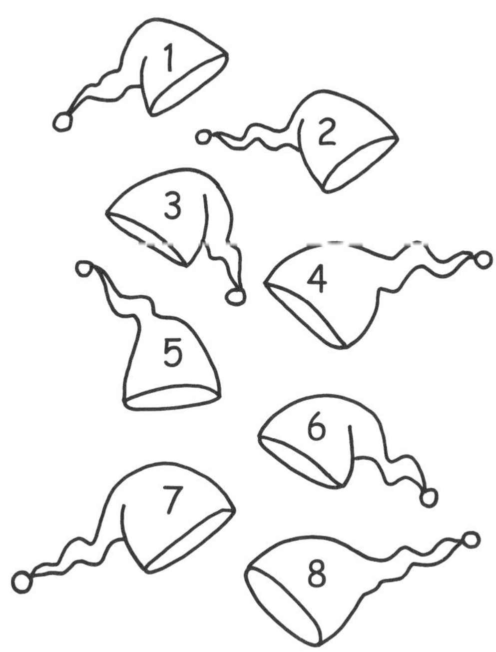

Wenn ein Löwe in die Schule geht – 1

zu Seite 193

1. Was lernen die Kinder in der Schule (Strophe 4)?
   Schreibe die richtigen Wörter in die Lücken.

Sie lernen ______________________ .

Sie lernen ______________________ .

Sie lernen ______________________ .

Zum Lernen müssen die Kinder meistens

__________ __________ ______________ ______________ .

2. Ordne die Wörter in zwei Gruppen. Male die Wörter, die zu **Blumen** passen, rot an und male die Wörter, die zu **Spatzen** passen, blau an.

Blumen Elefanten Mäuse Schneeglöckchen
Spatzen Bäume Löwenzahn Hasen

3. Die Kinder lernen **von Blumen und Spatzen**. Blumen und Spatzen sind Beispiele für die zwei Gruppen. Wie heißen die beiden Gruppen?

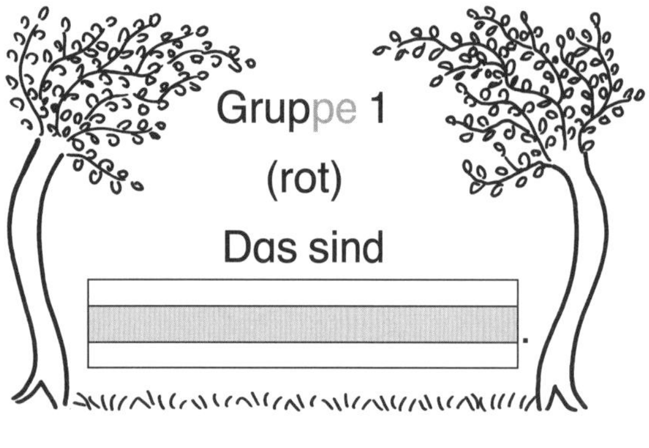

Gruppe 1
(rot)
Das sind
______________________ .

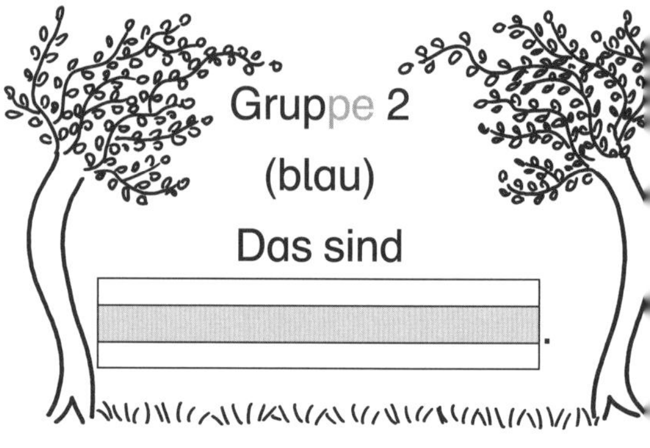

Gruppe 2
(blau)
Das sind
______________________ .

1. Schreibe die passenden Wörter in die Lücken.

Wenn ein Kuckuck in die Schule geht,

lernt er „Kuckuck“ ________,

andere Nester ________,

seine Eier dort ________,

aber nicht seine Jungen ________.

Wenn ein Mäuschen in die Schule geht,

lernt es Mauslöcher ________

und Maiskörner ________,

vor der Katze nicht ________, sondern ________.

2. Finde die Reimwörter: Was Tiere und Menschen tun

Störche klappern – Babys p________

Hähne krähen – Bauern m________

Hühner picken – Buben k________

Spechte pochen – Mütter k________

Rehe springen – Kinder s________

Der Birkenzeisig

Der Birkenzeisig ist etwa 12 cm lang. Die Oberseite ist graubraun gestreift, sein Bauch weiß gefärbt. Der kleine Vogel hat einen roten Vorderscheitel. Der Birkenzeisig ist bei uns im Alpenraum zu Hause. Im Winter kommen zusätzlich Birkenzeisige aus dem Norden. Er lebt in Birken- und Nadelwäldern, Parkanlagen und Gärten. Der Birkenzeisig klettert geschickt und ernährt sich von kleinen Sämereien und kleinen Insekten.

Klebe hier das Puzzle vom Arbeitsblatt
Der Herbst steht auf der Leiter – 2 ein.

Birkenzeisigpuzzle: Nach dem Aufkleben kannst du den Vogel so anmalen, wie es in der Beschreibung steht.

Birkenzeisigpuzzle

Schneide die Puzzleteile aus und klebe sie richtig in den Rahmen auf das Arbeitsblatt **Der Herbst steht auf der Leiter – 1** ein.

Herbst-Elfchen

Elfchen sind einfache und beliebte Gedichte. Das Beispielgedicht zeigt dir die Bauform eines Elfchens.

Herbst

bunte Blätter

fallen vom Baum

ich hebe sie auf

wunderschön

Schreibe auch ein schönes Herbst-Elfchen:
In jedes Kästchen nur ein Wort, wie in dem Beispiel oben.

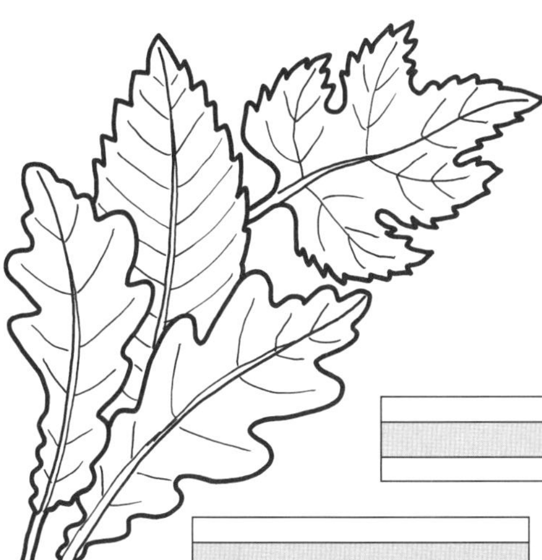

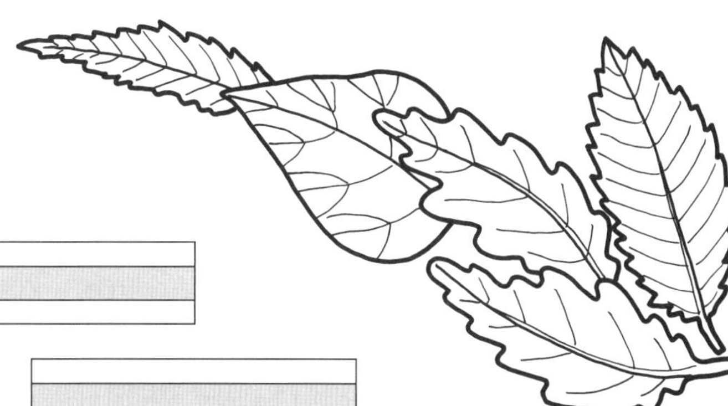

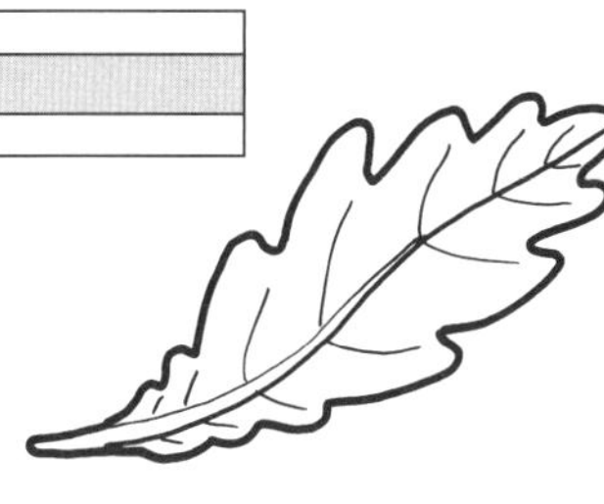

Szenische Bearbeitung – Die Kläger

Diener: Das hohe Gericht. Erheben Sie sich von den Plätzen.
(Der Richter tritt ein.)

Richter: Nehmen Sie bitte Platz.
Wer hat etwas gegen den Wind zu klagen?

Diener: Hohes Gericht, der erste Kläger.
(Der Kläger tritt jeweils vor.)

1. Kläger: Mir hat er das Fenster entzweigeschlagen.

Diener: Hohes Gericht, der zweite Kläger.

2. Kläger: Mich packte er wie einen Hund am Rock.

Diener: Hohes Gericht, der dritte Kläger.

3. Kläger: Mir warf er vom Fenster einen Blumenstock.

Diener: Hohes Gericht, der vierte Kläger.

4. Kläger: Mir zog er die Wäsche vom Seil auf den Rasen.

Diener: Hohes Gericht, der fünfte Kläger.

5. Kläger: Mir hat er die Zeitung vom Tisch geblasen.

Diener: Hohes Gericht, der sechste Kläger.

6. Kläger: Mir hat er den Staub ins Gesicht geweht.

Diener: Hohes Gericht, der siebte und letzte Kläger.

7. Kläger: Mir hat er den Regenschirm umgedreht.

Richter: Das sind ja ganz böse Geschichten.
(Zu dem Verteidiger gewendet.)
Wer weiß nun was Gutes vom Wind zu berichten?

Oskar Dreher

Szenische Bearbeitung – Die Zeugen

Richter: Wer weiß nun was Gutes vom Wind zu berichten?

Diener: Hohes Gericht, der erste Zeuge.
(Der Zeuge tritt jeweils vor.)

1. Zeuge: Mir wär' ohne Wind noch kein Drachen gestiegen.

Diener: Hohes Gericht, der zweite Zeuge.

2. Zeuge: Auch ich kann ihn brauchen beim Segelfliegen.

Diener: Hohes Gericht, der dritte Zeuge.

3. Zeuge: Er trocknet die Wäsche und trocknet die Erde.

Diener: Hohes Gericht, der vierte Zeuge.

4. Zeuge: Er lenkt doch die Wolken wie der Hund seine Herde.

Diener: Hohes Gericht, der fünfte Zeuge.

5. Zeuge: Er ist auch ganz lustig, wenn er spielt mit den Hüten.

Diener: Hohes Gericht, der sechste Zeuge.

6. Zeuge: Und macht er nicht fruchtbar Millionen von Blüten?

Richter: Man bringe den Angeklagten hierher,
dann stelle er sich mal selber zur Wehr.

Diener: Herr Richter, ich suchte im ganzen Haus,
ich glaube, er flog zum Schornstein hinaus.

Richter: Dann ist er freilich nicht mehr zu fassen.
Wir wollen ihn weiterhin blasen lassen.

Diener: Erheben Sie sich von den Plätzen.

(Richter tritt ab. Ankläger verlassen murrend den Gerichtssaal. Die Zeugen freuen sich über den Freispruch.)

Oskar Dreher

1. Markiere den Diener in einer Farbe.
2. Spielt die Szene mit verteilten Rollen.

1. Lies jede Strophe genau. Schließe nach jeder Strophe die Augen.
   Stell dir vor, welches Bild du malen könntest.

2. Male zu folgenden Strophen ein Bild, das zum Text passt.

Strophe 2

Wir bringen alles rein ins Haus,
du setzt dich in die Ecke und
ziehst die schweren Stiefel aus,
ich hol dir noch 'ne Decke.

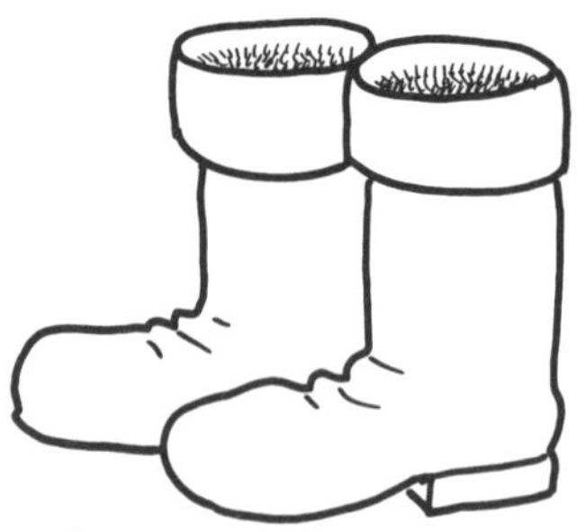

Strophe 3

Du musst doch wirklich müde sein.
Drum mach ich jetzt auch ganz allein
den großen Sack zur Hälfte leer,
dann hast du's nachher nicht so schwer.

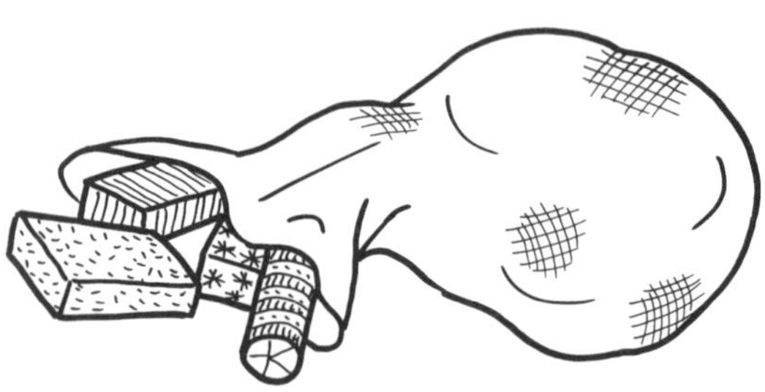

Strophe 4

Wenn du aufwachst, bring ich dir
noch schnell etwas zu trinken.
Du ziehst weiter, ich bleib hier
und werd' am Fenster winken.

Die Stadt Myra heißt heute Demre und liegt in der Türkei in der Nähe des Ferienortes Antalya. Nikolaus lebte im 4. Jahrhundert nach Christus. Über ihn werden viele Legenden erzählt. Den Nikolaustag feiern wir am 6. Dezember. Wenn du diesen Text und die Legende von der Kornvermehrung im Lesebuch aufmerksam gelesen hast, kannst du die Fragen beantworten.

Unterstreiche die richtigen Antworten.
Die Buchstaben davor ergeben das Lösungswort.

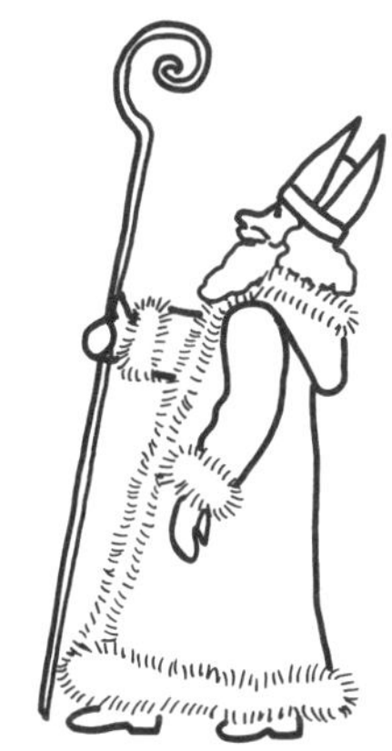

1) Welchen Beruf übte Nikolaus aus?

(D) Kapitän (F) Bürgermeister (A) Bischof

2) Wie hieß seine Stadt damals?

(K) Istanbul (N) Myra (O) Athen

3) Wann lebte Nikolaus?

(T) im 4. Jahrhundert nach Christus (Z) im 2. Jahrhundert nach Christus (D) im 6. Jahrhundert nach Christus

4) Wann feiern wir den Nikolaustag?

(G) am 24. Dezember (A) am 6. Dezember

5) Warum wollten die Matrosen kein Getreide verkaufen?

(R) Sie waren geizig. (L) Sie hatten Angst. (F) Sie hatten Hunger.

6) Was stellte der kaiserliche Aufseher fest?

(E) Es fehlten 10 Säcke. (Y) Es fehlte nichts.

7) Wie lange reichte das Korn?

(A) zwei Jahre (L) vier Jahre (F) ein Jahr

Myra, heute Demre, liegt in der Nähe

der Stadt ☐☐☐☐☐☐☐.

1. Schreibe das Reimwort aus dem Lesebuch zu jeder Strophe.
2. Schreibe über jeden Strophenblock die passende Überschrift.
   Du findest sie im Kästchen unten auf Seite 117.
3. Male zu jeder Überschrift ein passendes Bild.

1. Strophe ... Gelehrten

2. Strophe ... fangen

3. Strophe ... Plage

4. Strophe ... verborgen

5. Strophe ... genommen

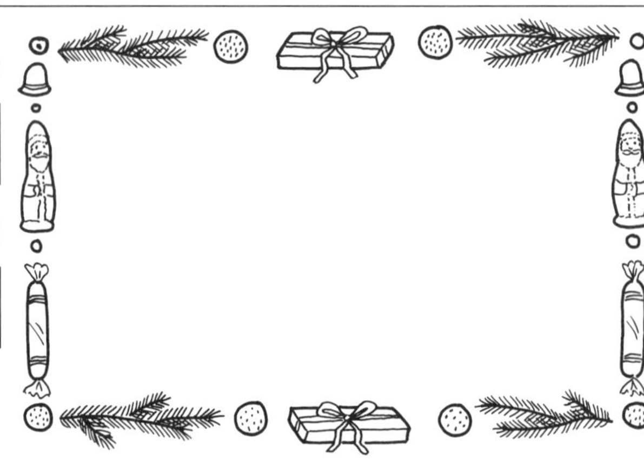

6. Strophe ... Peter

7. Strophe ... genommen

8. Strophe … hingen

9. Strophe … genommen

10. Strophe … Plage

11. Strophe … unumwunden

12. Strophe … geleert war

13. Strophe … Lieschen

14. Strophe … passen

Das Marzipan von Peter
Die Weihnachtsmaus ist da
Der Weihnachtsmann vom Baum
Die Maus ist wieder fort
Mutters Festgebäck ist weg
Das war die böse Maus

1. Schreibe die richtigen Namen unter die 12 Monate.
2. Ergänze in den 3 Feldern des äußersten Ringes die richtigen Jahreszeiten.
3. Male die Felder der Monate und Jahreszeiten, die zusammen gehören, in einer Farbe aus.
4. Klebe die Figuren von Seite 121 ein.

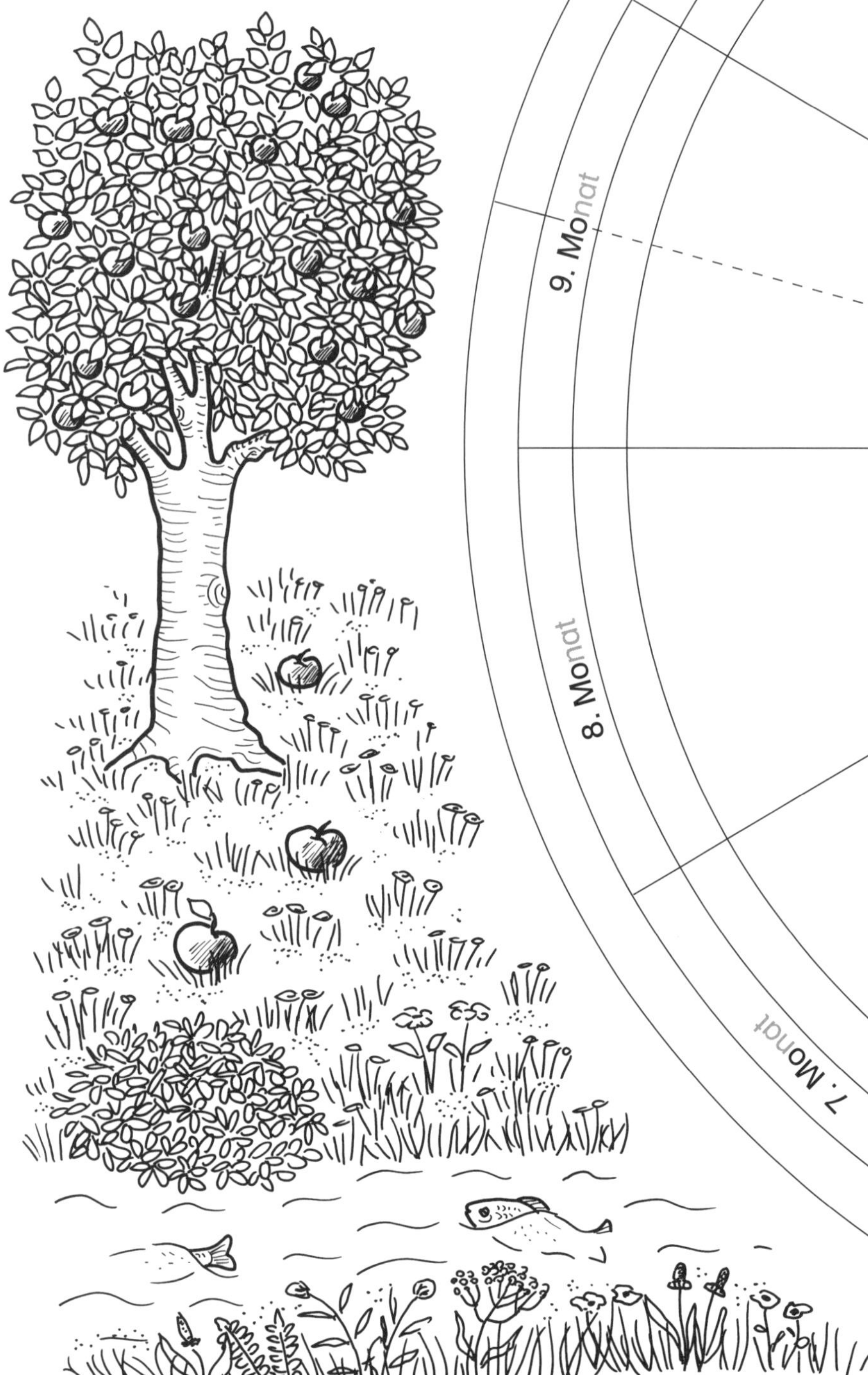

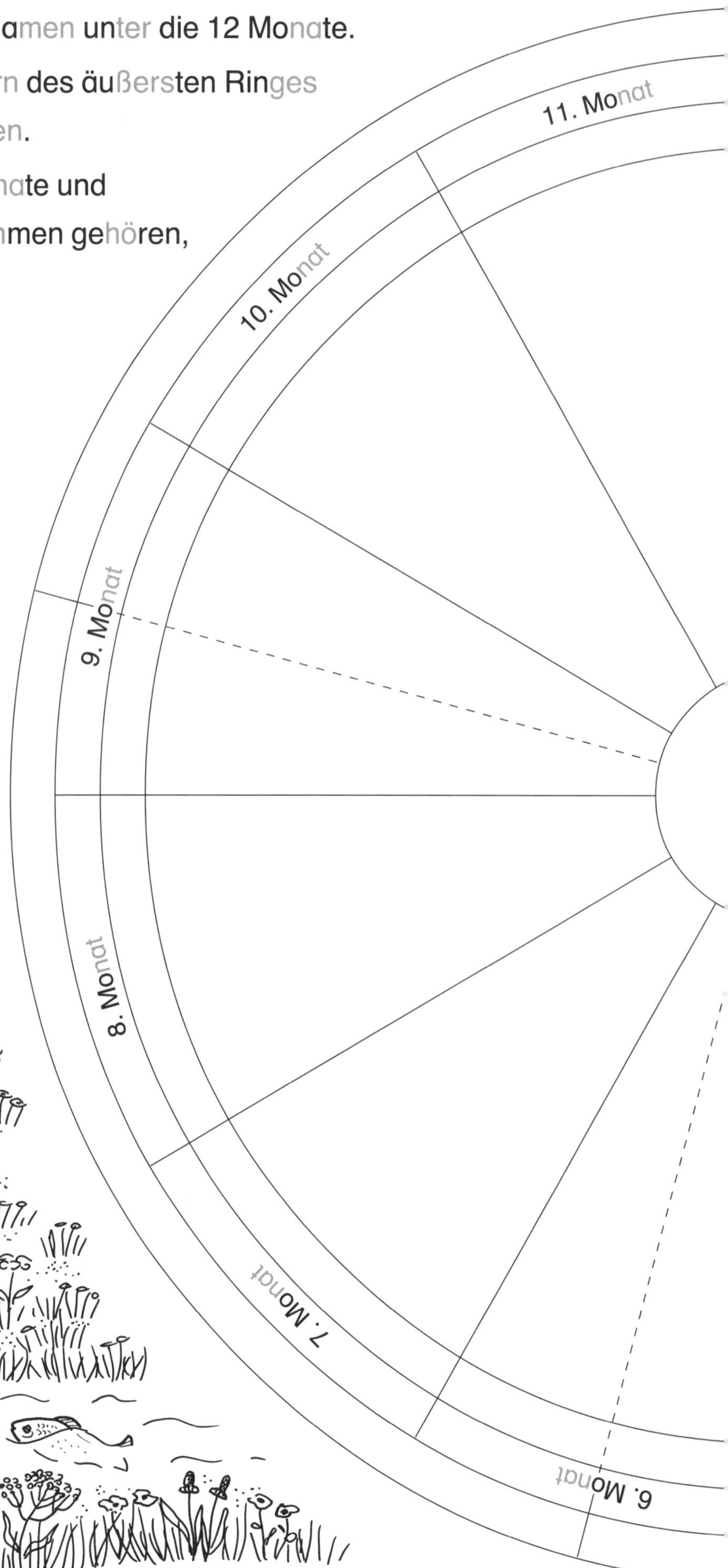

12. Monat
1. Monat
Januar
Winter
2. Monat
Februar
3. Monat
4. Monat
5. Monat

Schreibe die Monatsnamen unter die passenden Bilder.

1. Male die Figuren farbig an.
2. Schneide sie aus und klebe sie in das richtige Feld auf Seite 118 und 119. Beachte das Geschwisterpaar.

Winterbild

zu Seite 203

1. Schreibe die passenden Wörter in die Lücken.

Auf dem Bild vom Winter gibt es wenige Farben:

__________ ist das Land,

__________ ist der Baum,

__________ ist der Himmel dahinter.

Auf dem Bild vom Winter gibt es wenig zu sehen:

Nur auf dem __________,

auf dem __________ Baum,

hocken zwei schwarze __________.

Die Krähen sind ganz starr vor Kälte, denn

sie __________ dort

und __________ nicht fort.

Sie __________ nur und schweigen.

Wer das Bild anschaut, soll merken, wie kalt der Winter ist.

Der zieht einen dicken __________ an

vor lauter Zittern und __________.

2. Übe das Gedicht im Lesebuch zum Vorlesen.
Betone die Wörter, die vom kalten Winter sprechen.
Viele davon hast du in Aufgabe 1 geschrieben.

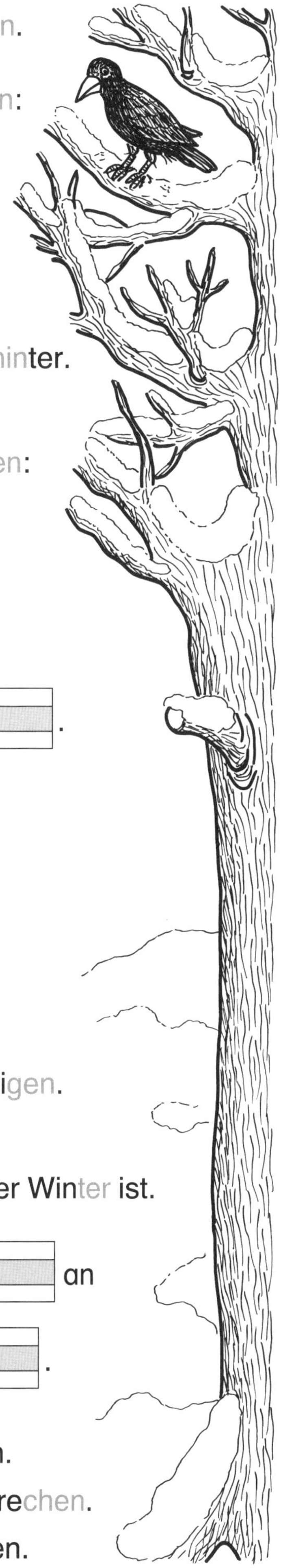

Vom Büblein auf dem Eis – 1

1. Lies die einzelnen Strophen im Lesebuch zwei- bis dreimal leise durch.
2. Unten sind einzelne Verse aus dem Gedicht. Was bedeuten sie?

Kreuze die richtige Lösung an. Du kannst auch nachschlagen oder fragen. Das Gedicht ist schon sehr alt. Der Dichter Friedrich Wilhelm Güll hat von 1812 bis 1879 gelebt. Er war Lehrer und wollte in dem Gedicht seine Schüler vor der Gefahr auf dünnem Eis warnen.

Gefroren hat es heuer bedeutet,

- [ ] dass es heute frostig ist.
- [ ] dass sich alle Kinder über den Winter freuen.
- [ ] dass dieses Jahr der See zugefroren ist.

Das Büblein steht am Weiher bedeutet,

- [ ] dass der Junge Langeweile hat.
- [ ] dass der Junge am Ufer steht.
- [ ] dass der Junge nach Hause gehen will.

der sich ein Herz genommen bedeutet,

- [ ] dass der Junge bewusstlos ist.
- [ ] dass der Mann eine Herzkrankheit hat.
- [ ] dass der Mann schnell und mutig zupackt.

der packt ihn bei dem Schopfe bedeutet,

- [ ] dass der Mann mit dem Jungen schimpft.
- [ ] dass der Mann den Jungen an den Haaren ergreift.
- [ ] dass der Junge völlig erschöpft ist.

1. Schreibe zu jedem Bild drei wichtige Wörter aus der zugehörigen Strophe.

1)

2)

3)

4)

2. Erzähle die Geschichte mit eigenen Worten. Die Bilder helfen dir dabei.

3. Schreibe eine Geschichte zu den Bildern in dein Heft.

4. Wie geht die Geschichte weiter? Schreibe in dein Heft.

Lies den Text zwei- bis dreimal still und aufmerksam durch.

Hallo,
ich bin das Schneeglöckchen.
Den Winter verbringe ich tief schlafend
unter dem Schnee in der Erde.
Wenn im Februar die letzten Schneereste
auf den Feldern liegen,
wecken mich die schwachen Sonnenstrahlen.
In meiner Zwiebel spüre ich,
wie das neue Leben in mich zurückkehrt.
Ich durchstoße den noch harten Boden und
strecke meine grünen Spitzen aus der Erde.
Meine beiden grünen Laubblätter sind
schmal, spitz und lang.
Mein Stiel kann bis zu 20 Zentimeter
groß werden.
Mein Blütenköpfchen sieht aus wie eine Glocke.
Meine drei äußeren Blütenblätter sind reinweiß.
Meine drei herzförmigen inneren Blütenblätter
sind etwas kleiner und grünlich gestreift.
Ich bin die erste Blume, die im Februar blüht.

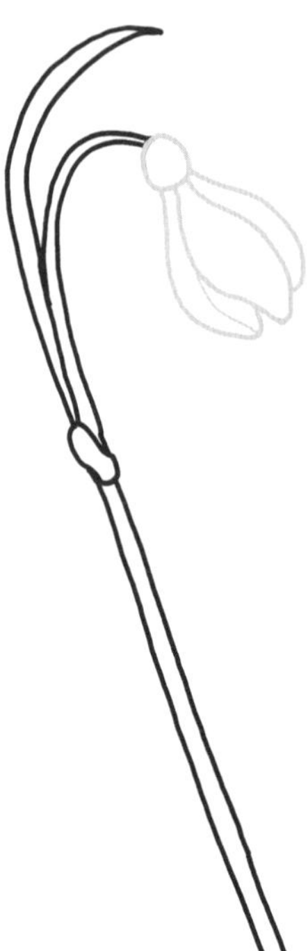

Das Schneeglöckchen – 2

1. Schreibe die passenden Wörter in die Lücken. Im Rätselkasten unten sind die 7 Wörter versteckt. Kreise sie dort zuerst ein.

Der _____ ist

noch nicht vorbei.

Es ist _____.

Aber das _____

blüht schon. Aus der _____

wachsen zwei _____

und ein langer _____.

Die _____ sieht

wie eine Glocke aus.

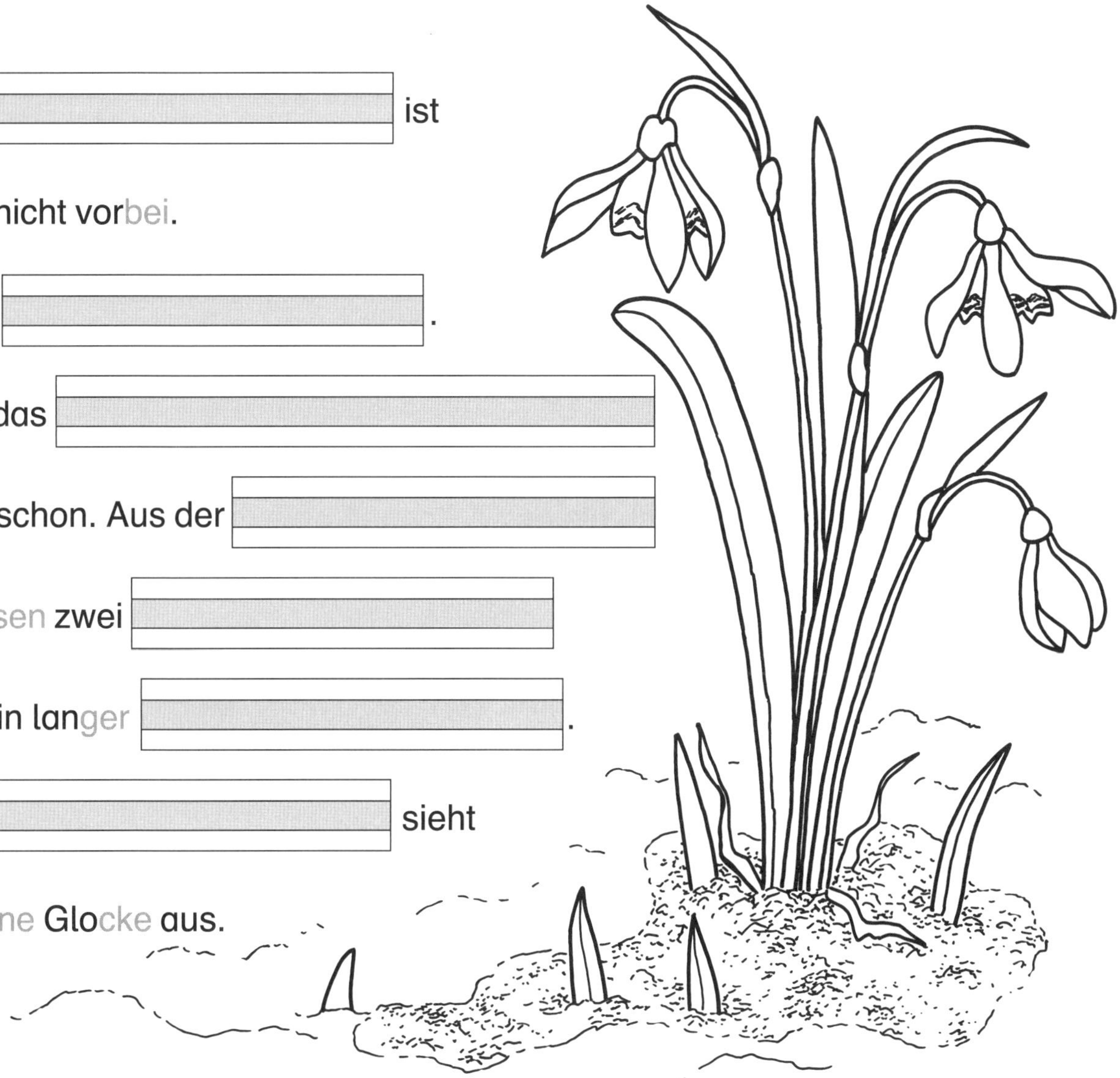

A	u	b	r	e	a	r	n	H	t	u	e	l	e	i
S	r	u	n	e	F	l	e	s	t	e	r	s	e	n
S	c	h	Z	w	i	e	b	e	l	ö	r	f	e	n
n	u	b	r	N	a	r	n	S	t	i	e	l	m	i
d	r	o	n	e	B	l	ä	t	t	e	r	s	e	n
S	c	h	n	e	e	g	l	ö	c	k	c	h	e	n
F	e	b	r	u	a	r	n	W	i	n	t	e	r	i
S	c	h	n	o	e	f	l	ö	B	l	ü	t	e	f

2. Male das Schneeglöckchen aus.

Was der Kuckuck noch nie gesehen hat zu Seite 207

1. Du weißt jetzt Bescheid über den Topf im Gras. Schreibe die passenden Wörter in die Lücken.

Der Topf war der ____________ des Schneemanns.

Der Schneemann wurde von ____________ ____________ gebaut.

Im Frühjahr ist er ____________ und ____________.

Die ____________ haben alles gesehen.

2. Warum hat der Kuckuck noch nie einen Schneemann gesehen? Kreuze die richtige Antwort an.

☐ Weil es keine Schneemänner gibt.
☐ Weil er keine Schneebrille hat.
☐ Weil er den Winter im sonnigen Afrika verbringt.

3. Vergleiche, **wie** die Krähen und der Kuckuck miteinander reden. Kreuze an.

Die Krähen sagen: „Herr Kuckuck, Sie waren lange fort!"

Sie wollen ☐ frech sein.
☐ höflich sein.
☐ wichtig tun und angeben.

Der Kuckuck sagt: „Hört, was der Kuckuck spricht."

Er will ☐ frech sein.
☐ höflich sein.
☐ wichtig tun und angeben.

4. Ergänze die Überschrift. Kreuze an.

Was der Kuckuck noch nie gesehen hat, ☐ das gibt es nicht.
☐ das glaubt er nicht.
☐ das mag er nicht.

Was der Frühling alles bringt

Male die Bilder farbig aus und schreibe die Namen darunter.

kus Veil glöck Kro chen chen Schnee

be che Schwal Star Ler

bee Erd ren bee Him ren han ren Jo nis bee

Der Mensch hat fünf Sinnesorgane.

Er kann riechen, sehen, hören, fühlen und schmecken.

Trage das passende Verb in die Sätze ein.

Schreibe auf, woran jeder den Frühling erkennt.

Die Mutter kann den Frühling ________________.

Sie riecht ________________________________.

Pit kann den Frühling ________________.

Er sieht die ________________________________

____.

Anja kann den Frühling ________________.

Sie hört die ________________________________

____.

Vater kann den Frühling ________________.

Er fühlt die ________________________________

____.

Aber ________________ kann man den Frühling

noch nicht. Die ________________ sind noch nicht reif.

In Sprüchen werden die Frühlingsboten angekündigt.

Schreibe die passenden Reimwörter aus den Blumen in die Lücken.

Hasen, die springen, Lerchen, die singen,
werden sicher den Frühling ________.

Hüpfen Eichhörnlein und Finken,
siehst du schon den Frühling ________.

Wenn die Drossel schreit,
ist der Lenz nicht mehr ________.

Die reifen und die roten Beeren
wollen wir im Mai ________.

Die blauen Blümchen und die roten
sind schönste ________.

Grasmücken, die fleißig singen,
wollen uns das Frühjahr ________.

Frühling wird es weit und breit,
und die Häschen steh'n ________.

Sie bringen zu der Osterfeier
viele bunt bemalte ________.

1. Male die Eier passend zu den Zeilen in das Bild.

Eins legte er unter die Rasenbank,
drei zwischen das grüne Efeugerank,
vier lagen im Hyazinthenbeet,
drei, wo die weiße Narzisse steht,
eins weit oben auf dem Ast.

Tipp:
Die Anordnung der Zahlen hilft dir beim Auswendiglernen des Gedichtes.

2. Male nun das ganze Bild farbig aus. Vergiss die Katze nicht.

Ein Osterhase – 1

1. Schneide die Osterhasen aus und klebe die Bilder in dein Heft.
   Schreibe dazu eine eigene Osterhasengeschichte.

2. Schneide die Textabschnitte aus und klebe sie neben die passenden
   Bilder auf das Arbeitsblatt **Ein Osterhase – 2**.

Alfons, der Hase mit der blauen Hose,
ging die Landstraße auf und ab.
Nirgends konnte er ein Osterei finden.

„Ein Dreck!", erwiderte der Hase.
Endlich hatte er sein Ei gefunden.
Weißt du auch, wo er es gefunden hat?

Er wollte schon aufgeben, da fiel sein
Blick auf ein Verkehrsschild. „Ei, ei",
lachte der Hase. „Da ist es versteckt."

An diesem Osterfest war alles anders
als sonst. Die Menschen versteckten die
Ostereier und die Hasen mussten sie suchen.

Das Dreieck ahnte die Absicht des Hasen.
Zornig rief es: „Rühr mich ja nicht an!
Was bin ich ohne mein … ?"

1. Schneide die Textabschnitte vom Arbeitsblatt **Ein Osterhase – 1** aus und klebe sie neben die passenden Bilder.

1. Beantworte die Scherzfragen.
   a) Der Hase hat ein Ei übersehen. Kannst du es finden? Kreise es ein.
   b) Wie viele Eier hat der Hase insgesamt in seinem Korb?

2. Male das Bild an. Denke an ein Verkehrszeichen.

1. Wähle die Überschriften aus und schreibe sie über das passende Wortbild.

Was ist da drin? | Was schwimmt da? | Was zuckt da?

2. Male neben den Text das richtige Bild und schreibe eine neue Überschrift.

WolkeWolkeWolke WolkeWolkeWolkeWolke WolkeWolkeWolkeWolkeWolke WolkeWolkeWolkeWolke Wolke Wolke B Bl l i it i t z t z z	
	wasserwasserwasser wasserwasserwasser wasserfischwasserw asserwasserwasser wasserfischwasser wasserwasserwas serwasserwasserwas serwasfischserwasser wasserwasserwasser wasserwasserwasser
bir nebir nebirne birnebirne birnebirnebirne birnebirwurmnebir nebirnebirnebirne birnebirnebirne birnebirnebir nebirne	

Meine Mutter – 1

Du hast das Gedicht im Lesebuch gelesen, ihr habt in der Klasse darüber gesprochen und du hast dir die Bilder dazu angeschaut.
Vor dem Auswendiglernen machst du dir eigene Merkhilfen:

Male neben jede Strophe ein kleines Bild und / oder markiere ein, zwei wichtige Wörter. Du kannst auch einen Satz dazu schreiben.

Meine Mutter

Von allen Müttern auf der Welt
ist keine, die mir so gefällt
wie meine Mutter, wenn sie lacht,
mich ansieht, mir die Tür aufmacht.

Wann mir meine Mutter gefällt.

Auch wenn sie aus dem Fenster winkt
und mit mir rodelt, mit mir singt
und nachts in Ruhe bei mir sitzt,
wenn's draußen wettert, donnert, blitzt.

Was meine Mutter mit mir macht.

Und wenn sie sich mit mir versöhnt
und, wenn ich krank bin, mich verwöhnt –
ja, was sie überhaupt auch tut,
ich mag sie immer, bin ihr gut.

Meine Mutter ist lieb zu mir.

Und hin und wieder wundert's mich,
dass wir uns fanden – sie und ich.

Rosemarie Neie

Das Schlusswort

Tipps zum Auswendiglernen des Gedichts: Meine Mutter

1) Nimm das Arbeitsblatt mit deinen Merkhilfen.
Lerne **zwei Zeilen** auf einmal.
Lies die ersten zwei Zeilen halblaut,
decke sie dann ab und sage sie auswendig.
Sind alle Wörter richtig?

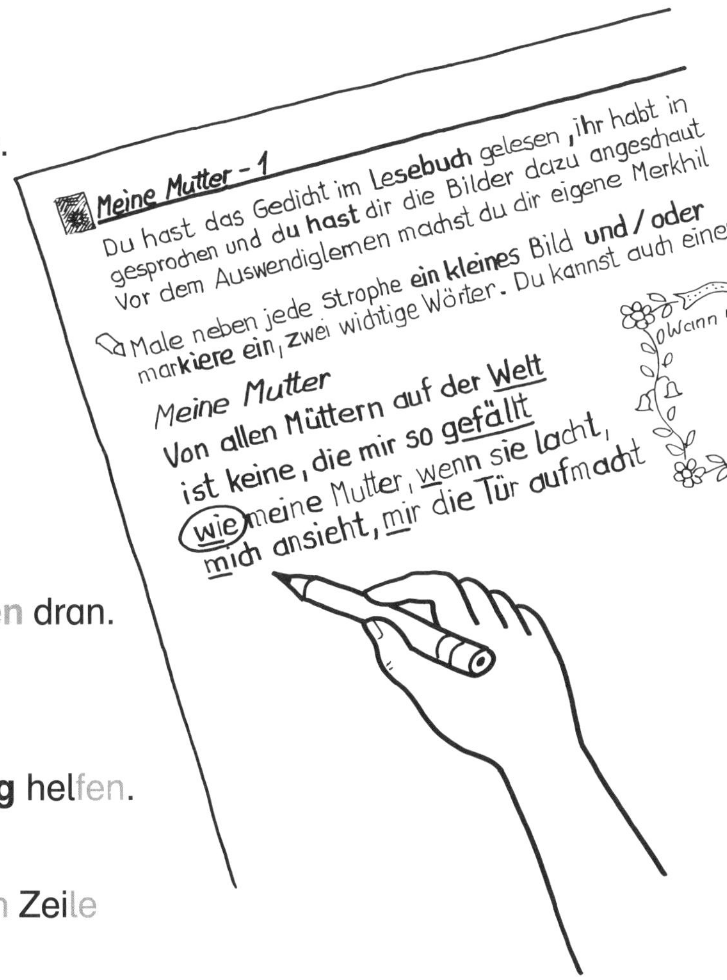

2) Markiere alle **Reimwörter** der Strophe.
Von allen .... auf der **Welt**
ist .... so **gefällt**

3) **Klopfe** die betonten **Silben**.
Von **allen Müttern dieser Welt**
ist **keine**, **die** mir **so** gefällt

4) Jetzt kommen die nächsten **zwei Zeilen** dran.
wie ...., **w**enn .... lacht,
mich ...., **m**ir .... aufmacht.
Gleiche Buchstaben am Wortanfang helfen.

5) Merke dir das **Anfangswort** der dritten Zeile
besonders gut.
.... gefällt
wie ....

6) Das Gedicht hat **mehrere Strophen**.
Mit deinen eigenen Merkhilfen für
jede Strophe kannst du dich an die
Reihenfolge erinnern. Denke an das
Bild, an wichtige Wörter oder an
den Satz.

1. Schreibe die Reimwörter an der richtigen Stelle in die Lücken.
Hilfe findest du in den Wolken.

prall, dicht, Laternen-Licht, Federball, Finger, Dinger, überall, Federball

Federball

Hoch am Stängel, weiß und ____________

nickt ein runder ____________.

Samenschirmchen dicht bei ____________,

Löwenzahn ____________.

Zupft der Wind mit losem ____________,

löst die hellen, leichten ____________.

Schweben Schirmchen ____________.

Und der Wind spielt ____________.

Lisa-Marie Blum

2. Lies das Gedicht so oft, bis du es deiner Klasse gut verständlich vortragen kannst.

Schreibe die passenden Wörter in die Lücken. Verwende die Wörter aus der Löwenzahnwiese.

Der Löwenzahn wächst überall

Den Löwenzahn finden wir meistens auf grünen ____________.

Mit seiner langen ____________ holt er sich das ____________ aus dem Boden. Die Blüte ist hellgelb. Aus jeder Blüte wird eine ____________. Diese Frucht besteht aus einem ____________, einem ____________ und einem ____________.

Der Samen kann so vom ____________ überall hingetragen werden.

Deswegen wird der Löwenzahn auch ____________ genannt.

1. Die Zeilen des Gedichtes stehen nicht in der richtigen Reihenfolge.
Schreibe die Ziffern 1 bis 6 in der richtigen Reihenfolge
in die Kästchen vor den Satzstreifen.
Die Buchstaben am Ende ergeben ein Lösungswort.

Der Löwenzahn

	und wo sie landen, seht's euch an – da wächst ein neuer Löwenzahn.	N
	Die Pusteblume ist sein Kind.	U
	Sie fliegen in die Ferne,	E
	Dem Löwenzahn zum Ruhme gibt es die Pusteblume.	P
	und pustet ihre Sterne.	T
	Wenn ihr nicht pustet, kommt der Wind	S

Heinz Kahlau

Die Kinder ☐ ☐ ☐ ☐ ☐ ☐
(1) (2) (3) (4) (5) (6)

2. Schreibe nun das Gedicht in der richtigen Reihenfolge in dein Heft.

Im Rätselkasten sind zehn Wörter aus dem Gedicht versteckt.

1. Kreise sie ein.

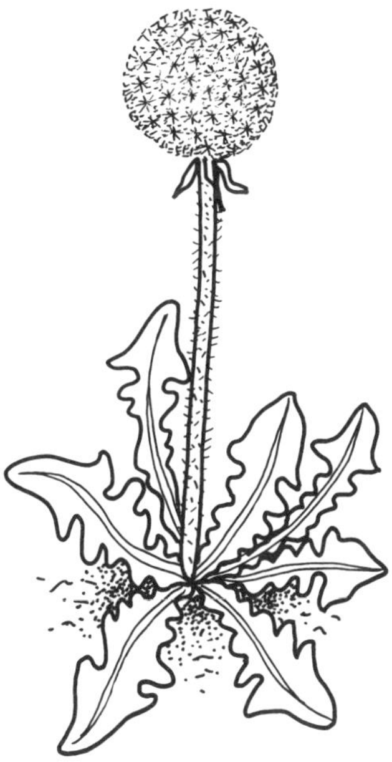

B	A	C	K	E	N	N	A	M	E
J	N	B	L	I	E	S	T	B	P
M	G	L	A	T	Z	E	H	Q	Q
G	H	V	V	P	Z	D	A	M	E
X	F	S	Z	G	B	L	I	E	B
N	L	Ö	W	E	N	Z	A	H	N
C	Z	R	A	O	C	C	U	H	B
S	I	L	B	E	R	H	A	A	R
P	R	A	C	H	T	H	J	H	Y
Z	K	H	E	L	I	P	P	E	N

2. Schreibe die passenden Wörter in die Lücken.
Du findest sie im Rätselkasten.

Verblühter ____________

Wunderbar stand er da im ____________.

Aber eine ____________,

Annette war ihr ____________,

machte ihre ____________ dick,

machte ihre ____________ spitz,

____________ einmal, blies mit Macht,

blies ihm fort die ganze ____________.

Und er ____________ am Platze

zurück mit einer ____________.

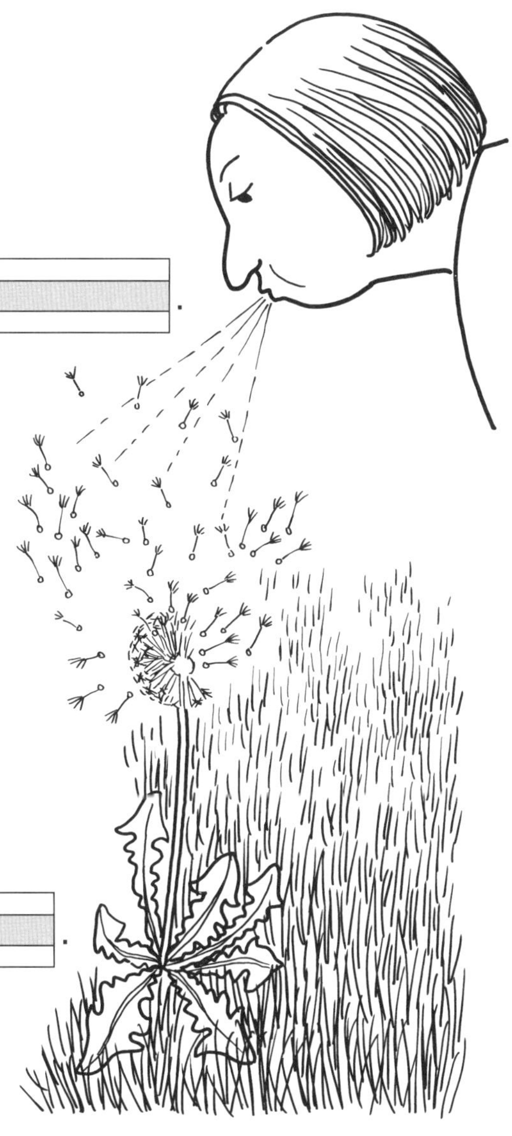

Josef Guggenmos

Lies das Gedicht von Ilse Kleberger genau durch.
Schreibe jeweils vier Dinge aus dem Gedicht auf, die man im Sommer riecht, die man schmecken kann und die klingen.

Ich rieche ...

Ich schmecke ...

Ich höre ...